Französische
Atlantikküste

Jacqueline Jakubzig

Inhalt

Bienvenue! *4*

Geschichte	*10*
Gut zu wissen…	*12*
Feste & Unterhaltung	*14*
Essen & Trinken	*16*
Sport & Freizeit	*18*
Sprachführer	*20*
Reise-Service	*22*

Orte von A–Z *26*

Extra-Touren *82*

Extra-Tour 1 *84*
Inselhopping nach Ré, Aix und Oléron

Extra-Tour 2 *86*
Wein-Châteaux im Médoc

Extra-Tour 3 *88*
Im Naturpark der Landes

Extra-Tour 4 *90*
Baskische Dörfer

Extra-Tour 5 *92*
Bummeln in Bordeaux

Impressum/Fotonachweis *94*

Register *95*

Bienv

Man nehme feinsten weißen Sandstrand und duftende Pinien. Füge haushohe Wanderdünen und die besten Weinreben der Welt hinzu. Mische alles mit geschichtsträchtigen Städten, traumhaften Schlössern und malerischen Dörfern. Gebe eine kräftige Prise salziger Atlantikluft bei und garniere mit sattgrünen Pyrenäenhügeln,

enue!

stimmungsvollen Fischerhäfen und exquisiten Kurbädern. Voilà, la Côte Atlantique – ein prächtiges Stück Frankreich! Für die einen ist die französische Atlantikküste das beste Surfrevier Europas und für die anderen das schönste Campergebiet Frankreichs. Doch auch hinter der sonnenverwöhnten Küste gibt es viel zu entdecken.

Französische Atlantikküste
"Dünen, Wein und Wellen"

Von La Rochelle, der Hauptstadt der Charente-Maritime, bis zur französisch-spanischen Grenzstadt Hendaye erstreckt sich ein Gebiet von unglaublicher Vielfalt, dessen einzige Verbindung die rauhe Küste des Atlantik zu sein scheint. Oder gibt es vielleicht doch noch mehr Gemeinsamkeiten? Immerhin gehörte dieser Teil Westfrankreichs über ein halbes Jahrhundert dem angevinischen Großreich an, dem Besitz Eleonores von Aquitanien und ihrem englischen Gemahl, König Heinrich von Plantagenet. Viel ist seither spekuliert worden, was geschehen wäre, wenn die damals reichste Frau des mittelalterlichen Abendlandes sich nicht von ihrem ersten Mann, dem französischen König Ludwig, hätte scheiden lassen. Dann wären die späteren englisch-französischen Thronstreitigkeiten wohl ausgeblieben und der Hundertjährige Krieg niemals ausgebrochen. So aber lebt der Südwesten Frankreichs mit einer fast dreihundertjährigen englischen Herrschaft, die das baskische Bayonne ebenso prägte, wie La Rochelle oder Bordeaux, die Hauptstadt des heutigen Aquitaniens, die gerne als britischste Stadt Frankreichs bezeichnet wird. Ihr haftet etwas Hanseatisches an, etwas vom Kaufmannsgeist und der zurückhaltenden Eleganz der nordischen Handelsstädte. Ein Rundgang durch das Stadtzentrum gleicht einer Zeitreise durch die Geschichte. Jeder Stein und jede Straße hat hier etwas zu erzählen, vom römischen Burdigala bis zur wohlhabenden Handelsmetropole des Südwestens.

Und wer vom Handel spricht, denkt natürlich an den Exportartikel, bei dem Herkunft und Alter von entscheidender Bedeutung sind und der eine ganze Nation berühmt gemacht hat. Der Wein, der alles andere als nur ein Produkt ist, denn er besitzt Seele, Körper, Geist, ist männlich, robust oder manchmal unberechenbar. Dabei kommen für den leidenschaftlichen Liebhaber französischer Rotweine letztlich nur zwei würdige Vertreter in Frage: Der üppige Burgunder und der elegante Bordeaux. Und während der eine sich rühmen darf, einst durch Napoleon geehrt worden zu sein, indem er seinen Soldaten befahl sich vor den Rebstöcken der Côte d'Or zu verneigen, darf der andere für sich in Anspruch nehmen,

Bienvenue!

Baskischer Schäfer und Weinbauern im Médoc bei der Lese

dem besten Weinanbaugebiet der Welt anzugehören. Und das ist nicht zuletzt der Weinlandschaft par excellence zu verdanken: dem Médoc. Vor der Haustür Bordeaux' erstrecken sich knapp 13 000 ha Rebfläche auf einer Länge von rund 80 km. Eine Fahrt durch das Médoc mit seinen erstklassigen Weingütern gehört zu den unvergeßlichen Erlebnissen jeder Aquitanien-Reise.

Nördlich des Médoc und damit auf der anderen Seite der Gironde, dem Mündungstrichter von Garonne und Dordogne, in dem seit einiger Zeit sogar Stör gezüchtet wird, beginnt die Charente-Maritime. An dieser Küste ist die Bedeutung des Tourismus nicht zu übersehen. Im August ist kurzfristig kein freies Bett zu bekommen und die Strände, Ferienappartements und Campingplätze der Inseln Oléron und Ré sind ebenso hoffnungslos überfüllt wie die Seebäder Châtelaillon oder Fouras. Genauso turbulent geht es in der sehenswerten Hafenstadt La Rochelle zu. In den Gassen und am Kai des Alten Hafens treffen sich Segler, Touristen und Sonnenhungrige aus aller Welt. Die gut geschützte Hafeneinfahrt und die wehrhaften Stadtmauern sind Zeugen jener Epoche, als La Rochelle ein Zentrum der französischen Hugenotten war und ihre Einwohner gegen die königlich-katholischen Truppen um ihr Leben kämpften. Erst der Bourbonenkönig Heinrich IV. setzte mit dem Edikt von Nantes den blutigen Auseinandersetzungen der Religionskriege ein vorläufiges Ende. Um Glaube, Religiosität und nicht zuletzt ein ebenso bewegtes Kapitel mittelalterlicher Geschichte ging es auch bei der großen Pilgerbewegung nach Santiago de Compostela zum Grab des Apostels Jacobus. Von Nord nach Süd durchquert eine der vier Pilgerrouten Frankreichs den gesamten Südwesten. Und so gibt es entlang der Atlantikküste und dem Hinterland immer wieder reizvolle romanische Kirchenbauten zu bewundern. Landschaftlich ganz außergewöhnlich gelegen ist St-Radegonde in Talmont. Sie thront auf einer Klippe oberhalb der Gironde. Ein Anblick, der jeden Umweg rechtfertigt.

Doch nicht die Jakobsmuschel, das Signet der Pilger, ist die typi-

Stille Bergeinsamkeit und quirliges Strandleben: Frankreichs Atlantikküste hat viele Facetten

sche Meeresfrucht der Atlantikküste, sondern die Auster. Dabei ist es nur eine Frage des Geschmacks, ob man die fleischiggrünen Marennes-Austern denen der Bretagne oder des Beckens von Arcachon vorzieht. In allen Restaurants entlang der Küste genießt man sie als Vorspeise oder in Begleitung anderer Meeresfrüchte. Man braucht nur einmal die Restaurant- und Flaniermeile im Seebad Arcachon entlang zu gehen, um meterweise prallgefüllte Tabletts mit Meeresfrüchten, den *plateaux de fruits de mer,* zu entdecken. Und da Fisch bekanntlich schwimmen muß, gesellt sich gern ein kühler Weißwein aus dem Bordelais hinzu. Ähnliche Spezialitäten haben schon Könige, Adlige und reiche Lords im letzten Jahrhundert genossen. Sie erhoben nach dem Bau der Eisenbahnlinie durch Südwestfrankreich das kleine Fischerdorf Arcachon zum luxuriösen Sommerbad. Die verschnörkelten Sommervillen der Jahrhundertwende oberhalb des Stadtkerns in der Winterstadt sind heutzutage eine Sehenswürdigkeit für sich.

Südlich von Arcachon beginnt die fast 200 km lange feinsandige Küstenlinie der Côte d'Argent, dem Eldorado für Surfer, Sonnenanbeter und Liebhaber schäumender Brandungswellen. Durch den kräftigen Westwind türmt sich der Sand zu imposanten Dünen auf. Die höchste und bekannteste ist die Dune du Pilat. Stolze 114 m Höhe gilt es zu überwinden, will man das Meer sehen. Das die Sandmassen nicht weiter landeinwärts wandern, ist dem genialen Aufforstungsprojekt Napoleons III. zu verdanken, der den größten Nutzwald Frankreichs begründete. Als Regionalpark der Landes de Gascogne bildet er zusammen mit der silbrigschimmernden Küstenlinie den bekanntesten Teil Aquitaniens. Dazwischen fließt und sprudelt all das, was dieser Region den Namen gab: kleine Flüsse, romantische Bäche wie der Courant d'Huchet, zahllose Binnenseen und wohltuende Quellen, die manch einen Ort zum Kurbad erhoben. Wie Dax, den zweitgrößten Kurplatz Frankreichs, dessen Heilquellen schon die Römer zu nutzen wuß-

Bienvenue!

ten Hier liegt das Herz der Gascogne, der Heimat des draufgängerischen Musketiers d'Artagnan. Den Gascognern wird noch heute Mut und Temperament nachgesagt. Gelegentlich können dies auch Außenstehende nachvollziehen, wie etwa beim Lieblingssport Nummer 1, dem Rugby oder während der Course landaise und dem Stierkampf. Denn hier im äußersten Südwesten ist der Boden zwar französisch, aber die Luft riecht bereits spanisch. Das ist noch deutlicher im angrenzenden Baskenland zu spüren. Sowohl Bayonne als auch das weltberühmte Seebad Biarritz und der traumhafte Küstenort St-Jean-de-Luz, dessen Hafen die größte Thunfischflotte Frankreichs besitzt, versprühen diese kuriose Mischung aus französischem Flair, spanischer Lebensfreude und baskischem Stolz. Wenngleich die Herkunft, die Sprache und die Traditionen der Basken noch immer Rätsel aufgeben, entdeckt man ein Stück baskische Lebensart am besten auf einem der traditionellen Volksfeste oder beim rasanten Pelota-Spiel, die im Sommer in jedem baskischen Ort stattfinden. Man sieht, die französische Atlantikküste ist alles andere als langweilig. Im Gegenteil, sie hat viele Facetten, spannende Landschaften und interessante Menschen. Und wer erst einmal hier war, kommt immer wieder.

Geografische Lage:	Dieser Band umfaßt die französische Atlantikküste von La Rochelle bis zur spanischen Grenze bei Hendaye. Das Gebiet führt durch die Départements Charente-Maritime, Gironde, Landes und Pyrénées-Atlantiques.
Größere Städte:	Bordeaux (200 000 Einw.), La Rochelle (80 000 Einw.), Mont-de-Marsan (35 000 Einw.), Bayonne (33 000 Einw.)
Größte Insel:	Île d'Oléron mit einer Fläche von 180 km^2
Küstenlänge:	rund 500 km
Temperaturen:	Frühjahr 15 °C, Sommer 25 °C

Geschichte

Girondisten-Denkmal in Bordeaux

Vorgeschichte	Höhlen- und Felszeichnungen (Lascaux, Isturritz, Pair-non-Pair) belegen eine menschliche Besiedlung Südwestfrankreichs ab etwa 20 000 v. Chr.
1. Jh. v. Chr.	Eroberung Galliens durch die Römer. Es folgen zahlreiche Städtegründungen.
1.–4. Jh.	Burdigala (Bordeaux) wird Hauptstadt einer der römischen Provinzen Aquitaniens. Gleichzeitig setzt die Kultivierung des Weinanbaus im Bordelais ein. Die Christianisierung des Landes beginnt.
5. Jh.	Im Zuge der Völkerwanderungen nehmen die Westgoten Aquitanien ein, das damit Teil des Tolosanischen Reiches wird.
6. Jh.	In Aquitanien werden die Westgoten von den Franken verdrängt. In der Gascogne siedeln sich die Vasconen an, möglicherweise Vorfahren der Basken.
8. Jh.	Unter der Herrschaft der Karolinger wird Aquitanien zur Grafschaft erhoben.
um 1000	Beginn der Jakobswallfahrt nach Santiago de Compostela. Entlang der Pilgerrouten errichten die Ordensgemeinschaften romanische Kirchen und Hospize. Eine Route verlief über Saintes, Bordeaux, Bayonne über die Pyrenäen nach Spanien.
1152	Nach der Annullierung ihrer Ehe mit König Ludwig VII. von Frankreich heiratet Eleonore von Aquitanien den späteren König Heinrich II. von England. Weite Teile Frankreichs fallen an die englische Krone.

Geschichte

12.–13. Jh.	Unter englischer Herrschaft entwickelt sich Bordeaux zum blühenden Weinhandelszentrum. Im Périgord und in der Gascogne entstehen zahlreiche Bastiden, Militärstädte in Südwestfrankreich.
1337–1453	Die englisch-französischen Streitigkeiten um Gebietsansprüche und Thronfolge gipfeln im Hundertjährigen Krieg, der mit dem Sieg der Franzosen in der Schlacht von Castillon-la-Bataille beendet wird. Die Engländer ziehen sich aus Frankreich zurück. Ehemals englische Städte wie La Rochelle oder Bayonne werden wieder französisch.
1562–1589	Religionskriege zwischen protestantischen Hugenotten und Katholiken, die 1572 in der Bartholomäusnacht den blutigen Höhepunkt erreichen. Erst das von König Heinrich IV. erlassene Edikt von Nantes beendet die Glaubenskämpfe und sichert den Hugenotten freie Ausübung des Glaubens zu.
1685	Ludwig XIV. hebt das Edikt von Nantes auf. Die Folge ist eine Massenflucht der französischen Protestanten. Viele Hugenotten fliehen per Schiff von La Rochelle in die Handelsstädte Nordeuropas.
18. Jh.	Die Hafenstädte an Frankreichs Küsten prosperieren. Bordeaux entwickelt sich zur Großstadt und erhält sein klassizistisches Stadtbild.
1789	Sturm auf die Bastille in Paris. Beginn der Französischen Revolution.
19. Jh.	Beginn des mondänen Kur- und Badetourismus entlang der Atlantikküste. Die Landes de Gascogne werden auf Anordnung Napoleons III. aufgeforstet.
1939	Nach Ende des spanischen Bürgerkriegs fliehen Hunderttausende Spanier u. a. nach Südwestfrankreich.
1942	Frankreich wird von deutschen Truppen besetzt. Es beginnt der Bau des Atlantikwalls.
1967	Gründung von Parc Régional des Landes de Gascogne und Parc National des Pyrénées Occidentales.
1992	Die TGV-Linie Paris–Bordeaux wird eröffnet.
1998	Die Équipe Bleu gewinnt die Fußball-Weltmeisterschaft: Der französische Staatspräsident verleiht ihr den Orden der Ehrenlegion.

Gut zu wissen!

Beim Sonnenbad

Baskisch: Euskara nennen die Basken ihre Sprache. Sie soll so schwierig sein, daß selbst der Teufel daran verzweifelte und sich von der Pont d'Enfer in die Hölle stürzte. Daß Etche ›Haus‹ und Azkerrik asko ›Danke‹ bedeutet, ist weder für Franzosen noch für Deutsche oder Spanier ersichtlich. Das Baskische ist eine Sprache, dessen Herkunft ebenso ungeklärt ist wie der Ursprung des Volkes selbst. Es ist ein Idiom mit auffällig vielen x, rr und k, wie jeder feststellen wird, der südlich von Bayonne reist. Die Hinweisschilder und Ortsnamen sind zweisprachig, sowohl in den französischen als auch in den spanischen Provinzen. Die Basken selbst sehen sich als ein Volk und sprechen von *Euskadi nord* und *Euskadi sud*. Also nur nicht denken ›das kommt mir spanisch vor‹, wenn statt St-Jean-de-Luz plötzlich Donibane Lohitzun ausgeschildert ist.

Complet: ›Ausgebucht‹, ein Zustand, der in der Hauptsaison völlig normal ist. Davon sind an der Küste nicht nur Hotels, sondern auch Jugendherbergen und Campingplätze betroffen. Wer sich die zeitraubende Suche nach einer passenden Bleibe ersparen möchte, sollte rechtzeitig vor Saisonbeginn ein Quartier buchen.

Essenszeiten: Wer mit knurrendem Magen gegen 15 Uhr ein Restaurant aufsucht, muß enttäuscht wieder abziehen. Warme Mahlzeiten oder gar Menüs werden traditionell von 12–14.30 und 19.30–21.30 Uhr serviert. Je näher die spanische Grenze rückt, desto mehr verschieben sich die Abendzeiten nach hinten. Dennoch muß niemand im Land der Grande Cuisine verhungern – einen Croque Monsieur oder Hamburger gibt es jederzeit zu kaufen.

FKK: Nach dem Motto ›Natürlich Nackt‹ wurde bereits 1949 im Département Gironde ein Zentrum der ›Naturisten‹ gegründet. Heute bietet die Region gleich mehrere Campingplätze, bewachte Strandabschnitte und FKK-Zentren mit eigenen Freizeiteinrichtungen, Restaurants und Einkaufsmöglichkeiten an. Genaue Auskunft erteilt die Féderation Française de Naturisme (F.F.N.)

Gut zu wissen

65, rue de Toqueville, 75017 Paris,
Tel. 01 47 64 32 82,
Fax 01 47 64 32 63.

Mitbringsel: Beliebt ist die ganze Palette kulinarischer Köstlichkeiten des Südwestens. Neben den Weinen des Bordelais und Digestifs wie Cognac oder Armagnac, der vor Ort sogar in 2,5 l Flaschen zu haben ist, bieten sich durchaus weitere interessante Souvenirs an. Das Salicorn, ein Kraut, das auf den Inseln vor La Rochelle wächst, ist eine schmackhafte Beilage zu gegrilltem Fisch und Fleisch. Auch der Sandwein der Île de Ré ist bei uns kaum zu bekommen. Im Bordelais hat der Aperitif ›Lillet‹ Tradition. Dafür findet man in der Charente-Maritime sowie in den Landes sehr schöne Töpfer-, Korb- und auch Lederwaren. Im Baskenland ist die Auswahl besonders groß. Sie reicht vom Kräuterlikör Izarra über die handgefertigte Baskenmütze bis zu typisch baskischer Tuche, der Linge Basque. Ein edles Erinnerungsstück aus dem Baskenland ist die Makila, ein geschnitzter Wanderstock mit integriertem Messer. Er wird nach Maß gefertigt und kostet ab 800 DM aufwärts. Ein bevorzugtes Geschenk der französischen Staatspräsidenten für ihre Gäste.

Weinprobe: Das Bordelais ist der Traum eines jeden Weinliebhabers, und im Umkreis von Bordeaux finden sich die besten Rebsorten der Welt. Doch nur selten stößt man auf ein Schild mit der Aufschrift ›Dégustation‹, Weinprobe. Der Wein ist einfach zu wertvoll, als daß er den vorbeieilenden Touristen in Massen ausgeschenkt würde. Wer jedoch ein echtes Interesse an dem Wein signalisiert und seine Kaufbereitschaft deutlich zum Ausdruck bringt (eine Flasche genügt lange nicht!), der wird sicher keine Schwierigkeiten haben, in den traditionsreichen Weingütern Einlaß zu finden. Eine telefonische Anmeldung ist erwünscht.

Wochenende: Sobald die Geschäfte samstagnachmittags geschlossen sind, herrscht gähnende Leere in den Straßen von Bordeaux. Die Bordelaiser verbringen ihr ›Week-end‹ lieber auf dem Land oder an der Küste. Da macht es einfach mehr Spaß, die Stadtbesichtigung auf einen Wochentag zu verlegen. In Urlaubsorten wie La Rochelle oder St-Jean-de-Luz bleiben selbst am Sonntag viele Geschäfte geöffnet, häufig finden Open-air-Veranstaltungen statt.

Wasserqualität

Laut Analyse des DDASS (Direction Départementale des Affaires Sanitaires et Sociales) ist die Wasserqualität an Frankreichs Küsten zu über 90 % gut bis durchschnittlich. Das gilt auch für die Binnengewässer. Einige Strände wurden als ›momentan verunreinigt‹ bzw. ›qualitativ schlecht‹ bewertet. Im Südwesten betrifft dies die Strände Ouhabia und Erreteguia bei Bidart, La Barre in Anglet, Marbella in Biarritz, der Nordstrand von Fouras und Pontaillac bei Royan.

Feste & Unterhaltung

Forces basques: die Feste der starken Männer

Es gibt immer einen Grund zu feiern – vor allem im Südwesten Frankreichs. Und weil es so schön ist, wird selbst zu Ehren des Tintenfischs ein zweitägiges Volksspektakel organisiert. Der aquitanische, vor allem aber der baskische Festkalender ist prall gefüllt:

Februar
Bazas: Bei der Fête des Bœufs Gras, dem ›Fest der fetten Rinder‹, präsentieren die Rinderzüchter bei einem Defilee stolz das Ergebnis ihrer Arbeit. 19. Februar.
Karneval: Die närrische Zeit findet ihren schönsten Ausdruck während der Feiern in Bordeaux, St-Jean-de-Luz und Ustarritz.

März
Poitiers: Zum 10. Mal veranstaltet die Stadt Les Contempo Reines, ein buntes Tanz- und Musikfestival. Dritte Märzwoche.

April
Médoc: Schloßbesitzer im Weinbaugebiet des Médoc gewähren bei den alljährlichen ›Portes Ouvertes dans les Châteaux du Médoc‹ zwei Tage kostenlos Einblick in ihre Privaträume. 1. Aprilwochenende.
Bayonne: Foire aux Jambons in der ›Schinkenstadt‹ Frankreichs. Anfang April.
Lacanau: Zum Auftakt der Segelsaison geht es um den Coupe de France de Voile Olympique. 2. Aprilwoche.

Mai
Mimizan: Fête de la Mer mit großem Blumenkorso. 1. Mai.
Sabres: Maillarde, volkstümliche Maibaumfeier mit Musik und Tanz. 1. Mai.
La Rochelle: Die Semaine Internationale de la Voile ist die wichtigste Regatta der Stadt. Mitte Mai.
Bayonne: Die Chocolatiers zeigen während der Journées du Chocolat ihre unglaublichen Kreationen. Mitte Mai.
Pau: Freunde des Motorsports kommen in der Hauptstadt des Béarn auf ihre Kosten. Die Strecke des Formel 3000-Rennens verläuft direkt durch die Stadt. Ende Mai/Anfang Juni.

Juni
Arcachon: Großes Derby. 2. oder 3. So des Monats.
St-Emilion: Der Umzug der Ju-

Feste & Unterhaltung

rade am Tage der Fête du Nouveau Vin begeistert nicht nur die Bordelaiser. Mitte Juni.
St-Jean-de-Luz: Dreitägiges Johannesfest zu Ehren des Schutzpatrons mit baskischen Kraftspielen, Musik und Tanz. Ca. 20. Juni.

Juli
St-Jean-de-Luz: Großes Thunfischfest. 1. Juliwoche.
Bassin d'Arcachon: Beginn des vierwöchigen Austernfestes (Fête de l'Huître). 2. Juliwoche.
Hendaye: Einen Tag vor dem französischen Nationalfeiertag schlemmt und tanzt der ganze Ort beim Fest der Chipirones. 13. Juli.
La Rochelle: Französische Bands und Chansonniers ringen während der Francofolies eine Woche lang um die Gunst des Publikums. 13. Juli.
Biarritz: Surf Festival, Golf Cup und Pelota-Meisterschaften Jaï Alaï. Mitte Juli.
St-Étienne-de-Baïgorry: Bei den Forces basques ringen die stärksten Basken bei Tauziehen, Wettsägen und weiteren Kraftspielen um den Sieg. Mitte Juli.
Andernos-les-Bains: Festival de Jazz en Liberté. Mitte Juli.
Montguyon: Beim Mondiofolk (Weltfolklorefestival) geben sich Musiker aus der ganzen (französischsprachigen) Welt ein Stelldichein. Mitte Juli.
Rochefort: Résonances, bunte Straßenmusiktage mit Beteiligung aus ganz Frankreich. Mitte Juli.

August
St-Denis: Hafenfest auf der Île d'Oléron. Anfang des Monats.
Oloron-Sainte-Marie: 37. Internationales Folklorefestival der Pyrenäen. 1. Augustwoche.
Dax: Beginn der Feria. Mitte August.
Bayonne: Matadore zeigen ihr Können bei den Corridas. Mitte August.
Biarritz: Mehrtägige Feria Andalouse mit Flamenco-Aufführungen. Mitte August.
Hendaye: Die Forces basques werden wieder ein Publikumsmagnet. Ende August.

September
Médoc: Traditioneller Marathon des Châteaux du Médoc entlang einer der schönsten Strecken Europas. 1. Septemberwoche.
Weinfeste: Ab Mitte September, u. a. in St-Émilion.
Salies-de-Béarn: Die Salzstadt feiert ihre historische Fête du Sel. Mitte September.

Oktober
Bordeaux: Bei der Fête du Vin Nouveau kann man den ersten Wein kosten. Mitte Oktober.
Espelette: Die kleine Stadt des Pfeffers, die für ihre roten Paprikaschoten bekannt ist, feiert die Fête du Piment.

Feiertage

1. Januar: Neujahr
April: Ostermontag (Pâques)
1. Mai: Tag der Arbeit
8. Mai: Waffenstillstand (Armistice) 1945
Mai: Christi Himmelfahrt (Ascension), Pfingsten (Pentecôte)
14. Juli: Nationalfeiertag
15. August: Mariä Himmelfahrt (Assomption)
1. November: Allerheiligen (Toussaint)
11. November: Waffenstillstand (Armistice) 1918
25. Dezember: Weihnachten (Noël)

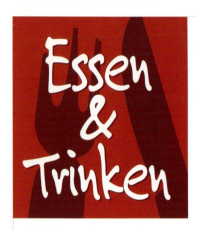

Schlemmen wie Gott in Frankreich!

Was die Raffinesse der südwestfranzösischen Küche anbelangt, so kommt sie der Vorstellung vom Schlaraffenland unglaublich nah. Da werden Hühner serviert, die zu Lebzeiten noch Erde unter den Krallen hatten, zubereitet in deftigen Saucen mit viel Knoblauch und der berühmten Paprikaschote aus Espelette. Rinderfilet der Bazas-Rasse, das jeden Maître de cuisine in Entzücken versetzt. Und nicht zuletzt die Fülle der Meerestiere, Lachse *(saumons)* und Forellen *(truites)* aus den glasklaren Flüssen der Pyrenäen.

Das größte Zuchtgebiet Frankreichs für Austern *(huîtres)* liegt im Becken um Arcachon – wer sich noch nie an dieser Delikatesse versucht hat, sollte sie hier kosten: Mit Blick auf den Atlantik, die salzige Luft auf den Lippen und mit einem Gläschen gut gekühlten Entre-deux-Mers in der Hand. Das ist etwas anderes, als Austern in den überdachten Edelpassagen der europäischen Großstädte zu verspeisen.

Und schließlich der Wein – Markenzeichen einer ganzen Nation. Um Bordeaux liegen die besten Weinbaugebiete der Welt. Auf einer Fläche, die größer ist als alle Rebflächen Deutschlands zusammen, werden rund 4,5 Mio. hl Wein pro Jahr erzeugt. Namen wie Margaux, Lafite-Rothschild, Latour oder Haut-Brion lassen Kennerherzen höher schlagen. Ihnen voran steht immer ein Château, ein Weingut, wie das nördlich von Bordeaux liegende Anbaugebiet Médoc eindrucksvoll unter Beweis stellt (Extra-Tour 2).

Ob Médoc, Graves, St-Émilion, Entre-deux-Mers, ein bodenständiger Bergerac aus dem Périgord oder der grundehrliche Jurançon aus dem Baskenland – im Südwesten hat man die Qual der Wahl. Weder Preise noch Geschmacksvielfalt kennen ihre Grenzen. Es muß ja nicht gleich der Luxuswein schlechthin bestellt werden: Er kostet locker 1300 Francs, heißt Château d'Yquem und stammt aus dem Sauternais. Wie der Penecilio roquoforti dem Käse, verhilft der Botritis cinerea-Pilz diesem Wein zu edler Fäule. – Wer sich in einem der zahlreichen Bordelaiser Gourmettempel für den Château d'Yquem entscheidet, erregt kein Aufsehen, wenn er fragt: ›Welches Menü paßt zu diesem Wein?‹

Die Menüfolge ist klar gegliedert. Ein Aperitif, beispielsweise der Lillet aus Bordeaux, regt den Appetit an. Dazu werden Knabbereien, sogenannte *amuse-gueules*, gereicht. Es folgt ein *entrée* und schließlich der *plat de résistance*, das Hauptgericht mit einer *garniture*, der Beilage. Etwas Käse und ein *dessert*, *yaourt* oder *fruit*, schließen das Menü ab. Jetzt noch einen Café und eventuell einen weichen Cognac als Digestif. Voilà, das war's. Bon appétit!

Essen & Trinken

Ein Fest für den Gaumen: baskische Leckereien in Biarritz

Spezialitäten in Südwestfrankreich

Plateau de fruits de mer: Austern, Muscheln, Gambas und mehr, eine Spezialität, die ihren Preis hat
Huîtres: Austern
Ttoro (bask.): Fischeintopf, ähnlich der Bouillabaisse
Marmitako (bask.): Thunfischragout
Koskera (bask.): Seehecht
Urraburua (bask.): gegrillte Goldbrasse mit Knoblauch
Chipirones à la plantxa/ à l'encre: Tintenfischchen gegrillt/in ihrer Tinte mit Knoblauch und Gewürzen zubereitet
Paté de foie gras: Gänseleberpastete
Truffes: Trüffel
Cèpes: Steinpilze
Pommes sarladaises: Kartoffelauflauf mit Trüffeln
Bœuf de Bazas: besonders zartes Rindfleisch aus Bazas
Sauce bordelaise: Rotweinsauce mit Schalotten und Mark
Zirkiro (bask.): gegrilltes Hammelfleisch am Spieß
Cassoulet: Bohneneintopf
Confit: eingemachtes Fleisch (meist von Gans oder Ente), häufig Einlage zum Cassoulet
Garbure: Bohneneintopf mit Fleischeinlage
Piments d'Espelette: pikante Paprikaschoten aus der Pyrenäenstadt Espelette
Piperade: baskisches Omelett mit Piments d'Espelette
Poulet basquaise: geschmortes Huhn mit Tomaten und Paprika
Fromage de brébis aux cérises noires: Schafskäse aus den Pyrenäen, der dort mit den Kirschen aus Ixassou gereicht wird
Chocolat de Bayonne: Schokolade, wie es sie nur im Baskenland gibt. Der Renner ist hauchzarte Schokolade mit feuerscharfen Paprikaschotenstückchen!
Macarons: Mandelkekse aus St-Jean-de-Luz und St-Émilion
Pastis: hier Blätterteigtasche mit Pflaumen in Armagnac
Cannelé: Kuchenspezialität aus Bordeaux
Gâteau basque: Kuchen, der innen schön weich sein muß

Am Surfer-Strand bei Biarritz

Sport im Urlaub

Angeln: An der gesamten Küste ist das Fischen ohne Angelschein mit Ausnahme einiger Sperrgebiete möglich. Hochseeangeltörns starten unter anderem von La Rochelle und St-Jean-de-Luz. In Binnengewässern wird eine Erlaubnis verlangt, die in allen örtlichen Angelfachgeschäften erhältlich ist. Im Béarn, in der Nähe von Oloron, wird jedes Jahr die Weltmeisterschaft im Lachse-Angeln ausgetragen. Wer den Rekord des 19,5-Kilo-Lachses brechen möchte, wende sich an die OTSI Navarrenx (Tel. 05 59 66 14 93). Eine Broschüre ›Fischen in Frankreich‹ verschickt die Maison de la France.

Baden: Der Atlantik hat seine Tücken. Selbst routinierte Schwimmer unterschätzen häufig die Strömung an der Westküste – was die zahlreichen Rettungseinsätze der Maître-Nageurs beweisen. Bei starker Brandung, bei Ebbe sowie bei ablandigem Wind sollte man nur in den überwachten Badezonen schwimmen. Farbige Fähnchen zeigen, ob man gefahrlos baden kann oder besser am Strand bleiben sollte.

Golfen: Rund 40 Golfplätze gibt es allein in Aquitanien und der Gascogne, wobei nach Aussagen passionierter Golfer die Greens um Biarritz und St-Jean-de-Luz am schönsten sind. Sie liegen häufig in unmittelbarer Nähe der Luxushotels, wie dem Régina in Biarritz zum Beispiel. In Bidart befindet sich das Centre d'Entrainement d'Illbaritz – das europaweit erste Golftrainingscenter für Profis, Laien und Anfänger.

Kajakfahren: Am besten auf den Flüssen der Charente-Maritime, aber auch auf Lot, Garonne und Dordogne. Zu echtem Rafting bieten sich die reißenden, eiskalten Pyrenäenflüsse an. Information über die C.R.T. und C.D.T. der jeweiligen Départements (s. S. 22).

Segeln: Boote jeder Preisklasse gibt es in den meisten Sportboothäfen zu mieten. Besonders schön sind Törns zur Île de Ré und zur Île d'Oléron.

Surfen: Ein absoluter Surftreff ist der kleine Ort Guéthary zwischen St-Jean-de-Luz und Hendaye, aber auch die Strände der Landes sind

Sport & Freizeit

beliebt. Meisterschaften werden vor allem um Biarritz und in Lacanau-Océan nahe Bordeaux ausgetragen. Surfschulen und Vermietungen finden sich an allen Küstenorten.

Tauchen: Die besten Spots liegen an der Felsküste im äußersten Südwesten. Tauchschulen gibt es zum Beispiel am alten Hafen von Biarritz.

Zum Zuschauen

Pelota: Ein Sprichwort sagt: ›Ein Baske trägt eine Baskenmütze, zwei Basken spielen Pelota.‹ Das Spiel mit dem Leder- bzw. Gummiball ist heute Volkssport Nr.1 im Baskenland. Die pelota wird mit der Hand, mit dem Holzschläger *(pala)* oder mit dem Korbfangschläger *(chistera)* gegen eine Steinwand geschlagen. Am gefährlichsten ist die Pelota-Variante Cesta Punta. Sie wird gegen drei Mauern gespielt (Jaï Alaï). Die Spieler müssen einen Kopfschutz tragen, denn der Ball erreicht Geschwindigkeiten bis 300 km/h.

Forces basques: Etwas für die stärksten Männer. Da werden teamweise Steinquader gestemmt, Holzstämme in rasender Geschwindigkeit gehackt und faustdicke Taue gezogen. Sehen kann man die Kraftprotze auf den Volksfesten und bei den Meisterschaften beiderseits der Pyrenäen.

Course landaise: Während die Corrida, die man im Südwesten auch sehen kann, dem spanischen Stierkampf entspricht, ist die Course landaise die unblutige Variante, die große Geschicklichkeit erfordert. Der *écarteur* muß versuchen, dem Stier auszuweichen, indem er blitzschnell zur Seite springt oder über ihn hinweghüpft. Die Courses werden zwischen April und Oktober immer sonntags in den Stierkampfarenen, die größten sind Dax, Bayonne, Mont-de-Marsan und Pau, ausgetragen.

Rugby: Das Spiel mit der Pille ist in Südfrankreich viel populärer als Fußball. Für Laien sind die Regeln während des Spiels nur schwer zu durchschauen. Dennoch ist das ›Spiel für Ganoven, gespielt von Gentlemen‹, ein Erlebnis zu sehen u. a. in Mont-de-Marsan.

Thalassotherapie

Das Zauberwort zum Schönpflegen an der Atlantikküste heißt Meerwasserkuren. Allein zwischen Bayonne und der spanischen Grenze gibt es fünf Thalasso-Kurzentren. Die Maison de France hält deutschsprachige Broschüren bereit. Weitere Informationen sind u. a. bei der C.R.T. Bordeaux erhältlich (s. S. 22).

Pelota-Spielen

Das baskische Nationalspiel Pelote basque kann jeder lernen. Information bei Jean-Luc Christosme 102, rue de Maubec 64100 Bayonne Tel. und Fax 05 59 64 02 81

1	un/une
2	deux
3	trois
4	quatre
5	cinq
6	six
7	sept
8	huit
9	neuf
10	dix
11	onze
12	douze
13	treize
14	quatorze
15	quinze
16	seize
17	dix-sept
18	dix-huit
19	dix-neuf
20	vingt
30	trente
40	quarante
50	cinquante
60	soixante
70	soixante-dix
80	quatre-vingt
90	quatre-vingt-dix
100	cent
200	deux cents

Was heißt noch…?

Markt	le marché
Geschäft	le magasin
Tabakladen	le tabac
Metzgerei	la boucherie
Feinkostgeschäft	l'épicerie
Konditorei	la pâtisserie
Bäckerei	la boulangerie
Weinkeller	la cave
Fischgeschäft	la poissonnerie
Kaufhaus	le grand magasin
Supermarkt	le supermarché
Einkaufszentrum	le centre commercial

Wieviel darf es sein?

ein Liter	un litre
ein Pfund	une livre
200 Gramm	deux cents grammes
drei Scheiben	trois tranches
ein Dutzend	une douzaine
vier Stück	quatre pièces
ein bißchen von	un peu de
viel von	beaucoup de
das reicht	c'est bon

Wenn der Hunger kommt…?

Schnellimbiß	buffet
Café-Konditorei	salon de thé
Selbstbedienungsrestaurant	restaurant libre service/self-service
Grillrestaurant	rôtisserie
Weinstube	taverne
Eissalon	glacier

Französisches Allerlei

ja	oui
nein	non
bitte	s'il vous plaît, s'il te plaît
danke	merci
hallo/tschüß	salut
Entschuldigung	pardon
ausgebucht	complet
besetzt	occupé
geschlossen	fermé
geöffnet	ouvert
Wo ist…?	Où est…?
geradeaus	tout droit
rechts	à droite
links	à gauche
an der Ecke	au coin
gegenüber	en face
da hinten	là-bas
am Ende	au fond
hier	ici
Was kostet…?	C'est combien?
Herr Ober!	Monsieur, s'il vous plaît
die Rechnung	l'addition
bar bezahlen	en espèce
mit Scheck	par chèque
mit Kreditkarte	par carte de crédit

Sprachführer

Die wichtigsten Sätze

Haben Sie noch Zimmer frei?	Il vous reste des chambres libres?
Haben Sie noch einen Stellplatz für ein kleines Zelt?	Il vous reste encore la place pour une petite tente?
Was kostet ein Doppelzimmer mit Dusche und Toilette?	C'est combien une chambre pour deux personne avec douche et WC?
Die Dusche funktioniert nicht.	La douche ne fonctionne pas.
Ein Handtuch fehlt.	Il manque une serviette.
Ich möchte für heute abend einen Tisch reservieren.	Je voudrais réserver une table pour ce soir.
Welchen Wein empfehlen Sie mir zum Menü?	Quel vin recommandez-vous avec le menu?
Was ist die Spezialität der Region?	Quelle est la spécialité de la région?
Ich möchte bitte noch etwas Brot.	Je voudrais encore un peu de pain, s'il vous plaît!
Hat es geschmeckt?	C'était bon?
Es war ausgezeichnet!	C'était délicieux, merci!
Le plein, s'il-vous-plaît.	Bitte volltanken.
Je suis tombé en panne.	Ich habe eine Panne.
Ma voiture ne démarre pas.	Mein Auto springt nicht an.
J'ai attrapé un coup de soleil.	Ich habe einen Sonnenbrand.
J'ai la fièvre.	Ich habe Fieber.
J'ai mal à l'estomac.	Ich habe Magenschmerzen
… à la tête	… Kopfschmerzen
… aux dents	… Zahnschmerzen
Une abeille/guêpe m'a piqué.	Ich bin von einer Biene/Wespe gestochen worden.
Je voudrais acheter des sparadraps.	Ich möchte gerne Pflaster kaufen.

Hinweistafeln

Bahnhof	Gare
Busbahnhof	Gare Routière
Bushaltestelle	Arrêt de bus
Taxistand	Station de taxis
Ankunft	Arrivée
Abfahrt	Départ
Bahnsteig	Quai
Schalter	Guichet
Auskunft	Renseignements/ Information
Empfang	Accueil
Eingang	Entrée
Ausgang	Sortie
Autovermietung	Location de Voiture
Umleitung	Déviation
Bauarbeiten	Travaux
Erinnerung	Rappel
Achtung	Attention
Gefahr	Danger
Stadtmitte	Centre
Hafen	Port
Plage	Strand
Z.I.(zone industrielle)	Industriegebiet

Reise-Service

Auskunft

Fremdenverkehrsämter

Die Maison de la France verschickt (deutschsprachige) Broschüren:

... in Deutschland
Maison de la France
Westendstraße 47
60325 Frankfurt/Main
Tel. 0190/57 00 25
Fax 0190/59 90 61

... in Österreich
Argentiner Str. 41a,
1040 Wien
Tel. 01/503 28 90, Fax 503 28 71

... in der Schweiz
Löwengasse 59,
8022 Zürich
Tel. 01/211 30 85, Fax 01/212 16 44

... im Internet
http://www.maison-de-la-france.com
Weitere Informationen *(links)* finden Sie bei DuMont im Internet:
http://www.dumontverlag.de

Informationsstellen in Frankreich

Die französischen Informationsstellen gliedern sich in das überregionale Comité Régional de Tourisme (CRT), das Comité Départementale de Tourisme (CDT) und die örtlichen OTSI-Büros (Offices de Tourisme und Syndicats d'Initiative).

CRT Aquitaine
23, Parvis des Chartrons
F-33074 Bordeaux Cédex
Tel. 05 56 01 70 00
Fax 05 56 01 70 07

CDT Charente-Maritime
11 bis, rue des Augustins
F-17088 La Rochelle
Tel. 05 46 41 43 33
Fax 05 46 41 34 15

CDT Dordogne
25, rue du Président Wilson
F-24009 Périgueux Cédex
Tel. 05 53 35 50 24
Fax 05 53 09 51 41

CDT Gironde
21, cours de l'Intendance
F-33000 Bordeaux
Tel. 05 56 52 61 40
Fax 05 56 81 09 99

CDT Landes
22, rue Victor Hugo
F-40012 Mont-de-Marsan Cédex
Tel. 05 58 06 89 89
Fax 05 58 06 90 90

CDT Lot-et-Garonne
B.P.158
F-47005 Agen Cédex
Tel. 05 53 66 14 14
Fax 05 53 68 25 42

AT Pays Basques (Pyrénées Atlantiques)
1, rue Donzac B.P. 811
F-64108 Bayonne Cédex
Tel. 05 59 46 46 64
Fax 05 59 46 46 60

Reisezeit

Sonnenhungrige und Wasserratten ziehen die Sommermonate Juli und August vor. Da steigt das Barometer auf angenehme 25° C und mehr. Das wissen auch die Franzosen zu schätzen, die zu der Zeit mit Kind und Kegel die Badestrände bevölkern. Mehr Platz und Ruhe hat, wer im Frühjahr zwischen Mitte April und Ende Juni kommt. Das Wetter ist zwar unbe-

Reise-Service

ständiger, doch wenn sich die Sonne zeigt, kann man im Freien sitzend seinen Café Crème genießen, ohne eine Gänsehaut zu bekommen. Nur mit dem Baden ist es so eine Sache. Der Atlantik ist trotz des Golfstroms recht kühl. Auch der Herbst hat an der Küste seinen Reiz: Richtig angezogen kann man den ersten Herbststürmen trotzen und bei ausgedehnten Spaziergängen das Naturschauspiel des tosenden Atlantiks beobachten. Kräftige Winde gibt es in dieser Region nicht nur im Herbst, das beweisen schon die unzähligen Surfer. Und manchmal mischt sich unter die heftigen Böen auch ein kräftiger Regenschauer, darum ist das Hinterland so schön grün. Mit anderen Worten, neben Sonnencreme gehören auf jeden Fall ein warmer Pulli und Regenzeug ins Gepäck – ein Schirm fliegt meist davon.

Anreise

Mit dem Flugzeug

Bordeaux, Biarritz, Dax und Pau sind bequem via Paris mit Air France und anderen Airlines zu erreichen. Die Flughäfen liegen nicht mehr als 30 Min. mit dem Bus vom Zentrum entfernt. Von München, Frankfurt und Genf aus wird Bordeaux auch direkt bedient.

Mit der Bahn

Der TGV Atlantique verbindet Paris mit den großen Städten Südwestfrankreichs. Nach La Rochelle beträgt die Fahrtzeit nur ca. 2,5 Std., nach Bordeaux knapp 3 Std. und nach Biarritz etwa 4,5 Std. Wer mit dem Flugzeug in Paris Charles-de-Gaulle landet, steigt dort direkt in den TGV um. Für Anreisende mit der Bahn ist der Anschlußbahnhof nach Westfrankreich der Gare Montparnasse, der von allen anderen Pariser Bahnhöfen mit der Métro zu erreichen ist.

Mit dem Auto

Alle Wege führen über Paris, ganz gleich ob man über Saarbrücken, Köln oder Kehl nach Frankreich fährt. Nur wer aus Richtung Schweiz kommend zur Westküste fährt, sollte eventuell die Strecke Lyon–Montpellier–Biarritz wählen.

Der schnellste Weg über Paris führt auf der Umgehungsautobahn Francilienne bis zur Abfahrt Porte d'Orléans. Von ihr aus folgt man zunächst der Ausschilderung Le Mans und Orléans, bis man dann die A 10 (l'Aquitaine) Richtung Orléans, Tours, Bordeaux erreicht.

In Frankreich ist die Benutzung der Autobahn gebührenpflichtig. Die Strecke Paris–Bordeaux kostet ca. 250 FF. Vor den einzelnen Streckenabschnitten muß man am Automaten ein Ticket ziehen, aus dem an den Zahlstellen (Péage) die gefahrene und zu bezahlende Strecke hervorgeht.

Unterwegs an der Atlantikküste

Mit dem eigenen Auto

Die beste Möglichkeit, auch die entlegensten Winkel Aquitaniens zu bereisen. Das Straßennetz ist sehr gut ausgebaut. Die Direktverbindungen zwischen La Rochelle,

Reise-Service

Bordeaux, Bayonne und Biarritz sind als Autobahnen und Nationalstraßen selbst in der Hauptsaison fast staufrei. Das gilt besonders für die Strecke Bordeaux–Bayonne. Wegen der Eintönigkeit dieser Route besteht eher die Gefahr einzunicken oder zu schnell zu fahren (das weiß auch die Polizei). Von den Stadtrandgebieten abgesehen gibt es nur wenige Raststätten an der Strecke, dafür um so mehr Truckstops, die gut und billig, aber sehr einfach sind.

Die Parkplatzsituation in den Städten ist, wie so oft in Frankreich, katastrophal. In der Innenstadt sind fast alle Parkmöglichkeiten kostenpflichtig. Vor allem muß hier der Parkschein vorher bezahlt werden. Wer die Parkdauer überschreitet, wird abgeschleppt.

Mit dem Leihfahrzeug

Neben Autos kann man an der Küste auch Zweiräder aller Art leihen. Auskünfte darüber erteilen die örtlichen Touristeninformationen. Die großen Mietwagenfirmen unterhalten Vertretungen in den größeren Orten und auf den Flughäfen. Einen Kleinwagen gibt es ab ca. 120 DM am Tag, je nach Saison. Zwischen Juli und September sollte der Leihwagen am besten vom Heimatort aus reserviert werden.

Mit der Bahn

Alle größeren Orte und Städte sind per Schiene verbunden. Wochentags ist der Fahrplan dichter als am Wochenende. Die Zugauskunft ist sonntags in der Regel geschlossen. Die Bahntickets müssen vor Betreten des Bahnsteigs in den orangefarbenen Automaten (Composteurs) entwertet werden. Wer es vergißt, muß bei einer Fahrkartenkontrolle im Zug damit rechnen, noch einmal den vollen Fahrpreis zahlen zu müssen.

Mit dem Bus

Fahrpläne und Tickets erhält man am Busbahnhof (Gare routière). Unter Umständen sind die Abfahrten auch nur auf einer Anzeigentafel vermerkt. Die Verbindungen zwischen den Städten sind sehr zahlreich und gut ausgebaut, das gilt jedoch nicht für Fahrten ins Umland. Unter der Woche verkehrt meist nur je ein Bus morgens und abends. Am Wochenende fährt häufig gar kein Bus.

Mit Schiff oder Boot

In der Hauptsaison werden Rundfahrten, Angeltörns und Tagesausflüge per Schiff von allen größeren Häfen angeboten. Dort besteht auch die Möglichkeit, (Segel-)Boote mit und ohne Skipper zu mieten. Wer mit dem eigenen Boot unterwegs ist, findet Jachthäfen unterschiedlicher Größe und Qualität in den traditionellen Hafenstädten. Auf einigen Flüssen und Kanälen Aquitaniens werden Hausbootferien angeboten. Hierfür benötigt man keinen Bootsführerschein. Informationen bei den Französischen Fremdenverkehrsämtern.

Unterkunft

Von der Jugendherberge bis zum luxuriösen Schloßhotel – in Aquitanien kann jeder nach seinem Geschmack übernachten. Die

Reise-Service

Preiskategorien der in diesem Buch genannten Hotels werden auf der vorderen Umschlagklappe erläutert.

Jugendherbergen

Die Zeiten der Altersbegrenzung sind glücklicherweise vorbei. Bei der Anmeldung muß lediglich der Internationale Jugenherbergsausweis vorgelegt werden, den man sich am Heimatort ausstellen läßt.

Camping

Die Qualität der Campingplätze wird durch die Zahl der Sterne gekennzeichnet. Das Angebot staatlicher und privater Einrichtungen entlang der aquitanischen und baskischen Küste ist sehr groß. Einige Plätze sind ausschließlich Caravanen und Wohnmobilen vorbehalten. Für Hunde wird häufig ein Aufpreis verlangt. Der ADAC und Guide Michelin geben jährlich aktualisierte Campingführer heraus, die in allen Buchhandlungen erhältlich sind.

Ferienwohnungen

Über die Angebote von Ferienwohnungen und -häusern informieren die regionalen und städtischen Touristeninformationen in Frankreich. Einigen Broschüren der Maison de la France liegen auch Adressen von Vermittlungsbüros in Deutschland bei.

Hotels

Auch Hotels werden nach Komfort, Lage und Service mit Sternen klassifiziert. In Hotels mit bis zu zwei Sternen haben keine oder nur einige Zimmer Dusche und WC. Fünf Sterne-Hotels gehören der absoluten Luxusklasse an. Die Zimmerpreise verstehen sich ohne Frühstück (petit déjeuner) und Tagessteuer (taxe de séjour). Bei Doppelzimmern hat man die Wahl zwischen einem französischen Bett (grand lit) oder zwei einzelnen Betten (à deux lits).

Die örtlichen Touristeninformationen (OTSI) halten Zimmernachweise bereit; für eine Zimmervermietung verlangen sie häufig Provision unterschiedlicher Höhe.

Während die Klassifizierung der Unterkünfte leicht verständlich ist (wenn auch vor Ort nicht immer nachvollziehbar) bereiten die französischen Bezeichnungen manchmal Schwierigkeiten:

Auberge: Landgasthaus, häufig mit Übernachtungsmöglichkeit
Auberge de famille: Pension
Chambre d'hôtes: Französische Variante des Bed & Breakfast
Châteaux Hotels/Relais de France: Verband luxuriöser Hotels in Schlössern mit erstklassigem Service und hoher gastronomischer Tradition
Ferme-auberge: Bauernhof
Gîtes de France: Ferienhaus, -wohnung
Logis de France: Kleines (Familien-) Hotel mit Spezialitäten-Restaurant, zu erkennen am Signet des grüngelben Kamins
Relais de Campagne: Hotel in schöner Lage mit Mindestkomfort und guter regionaler Küche
Relais Gourmand: Hotel in besonderer Lage mit gutem Restaurant
Relais du Silence: Hotels dieses Verbandes liegen ruhig und landschaftlich reizvoll; sie garantieren besten Komfort und gute Küche
Relais de Tourisme: Einfaches Hotel mit Speisemöglichkeit

Orte v

An feinsandigen Stränden faulenzen, bei optimaler Brandung Wellenreiten, in exquisiten Weinkellern edle Tropfen probieren, frische Austern bei Sonnenuntergang am Meer genießen, durch mittelalterliche Gassen streifen, auf farbenfrohen Märkten bummeln , traditionelle Volksfeste live erleben, in angesagten Szenelokalen die Nacht zum Tage werden lassen – all das hält die Côte Atlantique für

on A–Z

Sie bereit. Dieser Führer entlang der französischen Atlantikküste gibt Ihnen nützliche Tips und ausgesuchte Adressen an die Hand, damit Ihr Urlaub zum Erlebnis wird. Wer außer Seebädern und Stränden noch Besonderes sehen möchte, dem seien die Extra-Touren empfohlen. Frankreichs Atlantikküste in kompakter, überschaubarer Form, für jeden, der viel sehen und nichts verpassen will.

Aïnhoa

Orte von A bis Z

Alle interessanten Orte und ausgewählte touristische Highlights auf einen Blick – alphabetisch geordnet und anhand der Lage- bzw. Koordinatenangabe problemlos in der großen Extra-Karte zu finden.

Aïnhoa

Lage: B 12
Einwohner: ca. 800
Extra-Tour: 4, S. 90

Mit seinen mittelalterlichen Fachwerkhäusern, seiner malerischen Lage im Nivelle-Tal und seiner schmucken Dorfkirche wirkt Aïnhoa wie ein baskisches Freilichtmuseum. Die Gründung von Aïnhoa geht auf das 13. Jh. zurück, als hier die ersten Jakobspilger auf ihrem Weg nach Compostela Station machten. Heute sind es von der Dorfstraße aus knapp 10 Min. bis zur spanischen Grenze.

Wandern: Vom Ortsausgang zweigen mehrere leicht zu bewältigende Wanderwege durchs Pyrenäenvorland von unterschiedlicher Dauer ab. Dabei überquert man gelegentlich, ohne es zu bemerken, im Zickzack die spanisch-französische Grenze.

Camping Xokoan: An der Straße nach Dancharia, Tel. 05 59 29 90 26, Fax 05 59 29 73 82, günstig. Kurz vor der Grenze nach Spanien liegt der einzige Campingplatz von Aïnhoa. Er genügt einfachen Ansprüchen und hat 25 Stellplätze.

Hotel-Restaurant Ohantzea: An der Hauptstraße, Tel. 05 59 29 90 50, günstig. Romantisches Bauernhaus aus dem 17. Jh. mit schöner Gartenterrasse. Die Küche ist für ihre baskischen Spezialitäten bekannt.

Am Ende der Dorfstraße haben junge Künstler Werkstätten in den alten Bauernhäusern eingerichtet. Im **Atelier 7** z. B. bekommt man ausgefallenen Schmuck und andere Objekte.

Direkt hinter dem Grenzposten auf spanischer Seite kann man in den Ventas günstig Lebensmittel und spanischen Cognac kaufen. Es werden auch Francs akzeptiert.

Anglet

Lage: B 12
Einwohner: ca. 31 000

Zwischen Bayonne und Biarritz geht die Stadt Anglet, umgeben von zahllosen Ferienlagern, Campingplätzen und Sommerhäusern unter Pinien etwas unter. Grund,

Orte von A bis Z **Anglet**

- 👁 Sightseeing
- 🏖 Baden/Strände
- 🏄 Sport & Freizeit
- 🐬 Ausflüge
- ℹ Information
- 🏨 Hotels
- ⛺ Camping
- 🍽 Restaurants
- 🛍 Shopping
- 🌃 Nightlife
- 🎭 Feste
- 🚗 Verkehr

hier länger zu verweilen, sind die schönen Strände, an denen sich im Sommer die Surffans tummeln.

Église St-Léon: Place du Général-de-Gaulle.
Die Holzemporen aus dem 16. Jh. vermitteln dem Besucher einen Einblick in die typische Kirchenbaukunst des Baskenlandes.

Chambre d'Amour: Die Grotte am gleichnamigen Strand war Schauplatz einer tragischen Liebesszene. Eines der Pärchen, die die Grotte einst als ›Liebeszimmer‹ (so die Übersetzung) nutzten, paßte nicht auf – und ertrank in der plötzlich einsetzenden Flut.

Der Küstenabschnitt von Anglet ist im Sommer der Surf-Treff. Hier gibt es mehr Strände als in Biarritz. Die beliebtesten sind **Les Sables d'Or** und **La Chambre d'Amour**. Alle Strände sind im Sommer bewacht, denn die Strömung ist hier extrem stark.

Auberge de Jeunesse: 19, route des Vignes, 64600 Anglet, Tel. 05 59 58 70 00, Fax 05 59 58 70 07.
Wer Tauchen, Surfen, Segeln, Pelota, Golfspielen oder andere Sportarten lernen möchte, sollte sich an die Jugendherberge von Anglet wenden. Die *stages,* wie die Kurse auf französisch genannt werden, kann man einzeln oder zum Pauschalpreis mit Unterkunft und Verpflegung buchen.

Sport Écume: 19/21, av. de la Chambre d'Amour,
Tel. 05 59 03 54 67.
Surfkurse und Surfboard-Vermietung April–Okt.

SOCO: Chambre d'Amour,
Tel. 05 59 03 37 56.
Zweiräder vom Fahrrad (VTT) bis zur 500 cm^3-Maschine.

Golf de Chiberta: 102, bd. des Plages, Tel. 05 59 63 83 20.
Der 18-Loch-Platz mit seiner traumhaften Lage am Chiberta-Wald darf sich zu den schönsten Golfplätzen Frankreichs zählen.

OTSI: 1, av. de la Chambre d'Amour,
Tel. 05 59 03 48 16.

Camping de Fontaine-Laborde: Av. Fontaine-Laborde, Tel. 05 59 03 89 67, (Fax ist meist kaputt), 1. April–30. Sept.
Zelte bevorzugt, Wohnmobile sind hier unerwünscht. Der Platz liegt

Ascain

Orte von A bis Z

gut geschützt, hat einen kleinen Laden, eine Bar mit Terrasse und eine abschließbare Garage für Surfbretter. Die Übernachtung für zwei Personen mit Zelt und Pkw kostet etwa100 FF.

Résidence Villa Clara:
149, bd. des Plages,
Tel. 05 59 52 01 52,
Fax 05 59 31 07 12, teuer.
Hotelzimmer und Appartements mit Küche für 2–4 Personen. Der Familienbetrieb liegt am Chiberta-Wald, gegenüber dem Golfplatz und nahe dem Thalassozentrum Alanthal.

Chistera-Fertigung:
Gonzalez, 6, allée des Liserons, Tel. 05 59 03 85 04.
Die Brüder Gonzalez fertigen noch Korbfanghandschuhe für das Pelota-Spiel. Wer bei der Herstellung zusehen möchte, kann gegen eine geringe Eintrittsgebühr wochentags um 17 Uhr ihre Werkstatt besuchen. Zu kaufen gibt es die Chisteras natürlich auch: Ab 1000 FF aufwärts.
Carrefour: An der N 117, Mo–Sa 9–21 Uhr. Alles, was man braucht. Das Einkaufszentrum für Biarritz, Bayonne und Anglet mit 99 weiteren Geschäften und Selbstbedienungsrestaurants.

Ein Linienbus verkehrt im Sommer zwischen dem Eisstadion in Anglet und dem Milady-Strand in Biarritz.

Ascain

Lage: B 12
Einwohner: ca. 2600
Extra-Tour: 4, S. 90

Im Schatten des 900 m aufragenden Rhune-Berges gelegen, ist der kleine Ort Ascain ein idealer Ausgangspunkt für Erkundungen des Pyrenäenvorlands. Das Dorfleben findet rund um den Hauptplatz statt. Hier liegt alles beisammen: das Rathaus, die sehenswerte Dorfkirche und statt Marktplatz ein Fronton. Drumherum die farbenfrohen Häuser im baskischen Stil. Eines davon ist das Hôtel de la Rhune. Hier schrieb der Romancier

Die Häuser im Baskenland

Etxe oder Etche nennt man das traditionelle baskische Haus mit seinen roten oder grünen Holzbalken und dem geraniengeschmückten Balkon, an dem die Paprikaschoten zum Trocknen befestigt werden. Für die Basken ist Etxe etwas Besonderes, fast Heiliges. Nicht sie wohnen in ihrem Haus, sondern das Haus lebt mit ihnen. Vielleicht ist das auch der Grund, warum die Häuser im Baskenland auch Namen tragen. Etxeberri bedeutet sinngemäß ›Neues Haus‹, Etxezahar ›Altes Haus‹ und Extemendi meint ›das Haus in den Bergen‹.

Orte von A bis Z # **Arcachon**

Pierre Loti seinen Roman ›Ramuntcho‹, dessen Hauptfigur ein baskischer Pelota-Spieler ist.

Kirche: 9–18 Uhr
Die Errichtung zog sich bis ins 17. Jh. hin. 1626 konnte die Kirche schließlich von König Ludwig XIII. eingeweiht werden. Im Innern findet sich die typische Holzgalerie, die hier sogar auf drei Stockwerke erhöht wurde.
Pont romain: Mit den vier Bögen erinnert die Steinbrücke zwar an Bauten der Römerzeit, in Wirklichkeit stammt sie aus dem 17. Jh.

Ferme basque: Kurz hinter Ascain, an der D 918 Richtung St-Pée sur Nivelle, Tel. 05 59 54 09 60.
Baskischer Bauernhof, den man jederzeit kostenlos besichtigen kann.
La Rhune (B 12): Zahnradbahn ab Col de St-Ignace in der Saison tgl. 9.30–15 Uhr alle 30 Min., Auskunft: Tel. 05 59 54 20 26.
40 Minuten braucht die Zahnradbahn aus den 20er Jahren, um hinauf zu einem der eindrucksvollsten Aussichtspunkte des Labourd zu fahren. Für die Basken ist die 905 m hohe La Rhune – höchster Gipfel von drei Bergspitzen – ein mystischer Ort, dessen Bedeutung weit in die Zeit des Druidenkults reicht. Oben ist man schon in Spanien und kann bei optimalem Wetter sogar die Pinienwälder der Landes sehen.

OTSI: Im Rathaus, Tel. 05 59 54 68 30.

Hôtel-Restaurant du Parc: Trinquet Larralde, Tel. 05 59 54 00 10, Fax 05 59 54 01 23, moderat.
Hinter der Kirche rechts liegt das gemütliche Zwei-Sterne-Haus mit

Chistera-Fertigung im Atelier der Brüder Gonzalez

schattiger Gartenterrasse. Die rustikal eingerichteten Zimmer und das einladende Restaurant verleiten zu einem längeren Aufenthalt. Einige Zimmer bieten einen schönen Ausblick auf den Hausberg La Rhune.

Arcachon

Lage: C 8
Einwohner: 12 000

Erstklassige Sandstrände, verträumte Villen von der Jahrhundertwende und beste touristische Infrastruktur haben Arcachon zum be-

Archachon

Orte von A bis Z

liebtesten Seebad Aquitaniens gemacht. Trotz der rund 60 000 Menschen, die sich im Sommer in der Stadt bewegen, ist der Charme des mondänen Seebades der Belle Époque nicht verblaßt. Arcachon hat Flair, und das nicht ohne Grund. Die Stadt selbst gliedert sich in die Ville d'Été (Sommerstadt) entlang des 5 km langen Sandstrandes und die Ville d'Hiver (Winterstadt), die erhöht im Schutz der Pinien und Kiefernbäume liegt.

Erstaunlich ist, daß die Stadt selbst nicht direkt am Meer, sondern am Südrand eines Binnenmeeres liegt, dem Bassin d'Arcachon. Das rund 150 km² große Bassin ist eines der wichtigsten Austernzuchtgebiete Frankreichs. Ein 3 km breiter Kanal verbindet das Becken mit dem Atlantik.

Ville d'Hiver: Mitte des 19. Jh. begannen die Brüder Péreire, die vor dem Atlantikwind geschützte Winterstadt anzulegen. In erster Linie wollten sie die Eisenbahnstrecke Bordeaux–Arcachon aufwerten, denn immerhin waren sie Mitbegründer der südfranzösischen Eisenbahngesellschaft. Ihre Rechnung ging auf. Mit der Winterstadt begann der Aufstieg Arcachons zum mondänen Seebad. Könige und Adlige, aber auch Künstler und wohlhabende Bürger aus Bordeaux zog es zur Sommerfrische hierher. So entstanden binnen weniger Jahre phantasievolle Sommerpalais und Villen. Der jeweilige Baustil spiegelt den Geschmack der Zeit und die persönlichen Vorlieben der damaligen Besitzer: von der Villa Téresa, dem heutigen Hotel Semiramis, im maurisch-spanischen Stil bis zur Villa Graigcrostan, die sich 1880 ein schottischer Adliger in einem Gemisch aus indischem Kolonialstil und römischer Antike erbauen ließ. Die Touristeninformation bietet wochentags geführte Rundgänge durch die Ville d'Hiver an.

Boulevard de la Plage: Ein Spaziergang an der mit Tamarisken gesäumten Uferpromenade ist ein Muß.

Musée Aquarium d'Arcachon: 2, rue Jolyet (Ville d'Été), Tel. 05 56 83 33 32, 1. Juni–31. Aug. 9.30–12.30, 14–20 Uhr, 13. Feb.–31. Mai und 1. Sept.–11. Nov. 10–12.30, 14–19 Uhr, Eintritt 24 FF, Kinder ermäßigt. In 30 Aquarien werden Fauna und Flora des Atlantik und des Bassin d'Arcachon gezeigt. Im ersten Stock folgt eine Sammlung präparierter Meerestiere, archäologischer Funde und eine Ausstellung, die Einblick in die Austernzucht vermittelt.

Orte von A bis Z **Arcachon**

Musée de la Maquette Marine:
19, bd. Général Leclerc,
Tel. 05 57 52 97 97, Juli–Aug.
10–12.30 und 15–19 Uhr, April–
Juni und Sept.–Okt. 14–18 Uhr
tgl. außer Di., Eintritt 30 FF, Kinder ermäßigt.

Eindrucksvolles Museum mit etwa 200 detailgenauen Schiffsmodellen, die seit 1947 eigens für große Werften und Schiffseigner in der ganzen Welt angefertigt wurden. Vom Dampfschiff bis zum Atom-U-Boot ist alles vertreten. Neu hinzugekommen ist die Ausstellung über die Geschichte der Seefahrt im Bassin d'Arcachon. Hinreißend ist die Demonstration des Betriebs in einem Großhafen, die mit Licht- und Geräuscheffekten eindrucksvoll unterstützt wird.

Chapelle des Marins: Place Notre-Dame.

Direkt hinter dem Eingang der Basilika Notre-Dame befindet sich links die Kapelle der Seefahrer mit Exvoten geretteter Seeleute.

Alle Strände rumd um Arcachon haben erstklassigen, ganz feinen Sand. Direkt bei der Hauptpromenade liegen die **Plage d'Arcachon** und die **Plage d'Eyrac**, die durch drei lange Molen unterteilt sind. An diesen Stränden ist es immer voll, trotz der exponierten Lage vor der Uferpromenade. Weiter westlich liegen die **Plage Pereire, Plage Abatilles** und **Plage Moulleau**.

Alle Wassersportarten, Golf und Tennis, selbst Bogen- und Tontaubenschießen – in Arcachon ist, sportlich betrachtet, nichts unmöglich. Ausführliche

Arcachon

Orte von A bis Z

Broschüre bei der Touristeninformation.

Dune du Pilat (C 8): Mit 114 m Höhe ist die Sanddüne bei Pilat die höchste Wanderdüne Europas. Das Naturwunder gehört zum Pflichtprogramm eines jeden Aquitanien-Reisenden.
Bootsausflüge: Rundfahrten zu den Austernbänken, Minikreuzfahrten von 2–3 Std. oder Ausflugsfahrten zu den Inseln Île aux Oiseaux bzw. Banc d'Arguin bieten gleich mehrere Reedereien an. Die meisten Ausflugsboote legen von den Molen Eyrac und Thiers ab. Auskunft, Abfahrtzeiten und Fahrpreise vor Ort.
La Teste de Buch (C 8): Der Austern- und Fischerhafen von Arcachon hat etwas malerisches, obwohl hier ganz schön geschuftet wird. Vor den kleinen Fischerhütten kann man günstig Austern kaufen und vor Ort schlürfen.
La Hume (C 8): 27. Juni–30. Aug., tgl. 10.30 Uhr–19.30 Uhr, 45 FF. Das Kinderparadies der Gemeinde Gujan-Mestras mit einem Zoo, Aquapark und einem nachgebauten mittelalterlichen Dorf (Village médiéval). 50 Künstler demonstrieren traditionelle Handwerkstechniken, zwischendurch finden Ritterspiele und anderes statt.
Gujan-Mestras (C 8): Mit sieben Austernhäfen ist die Stadt unumstritten die Hauptstadt der Austernzucht am Arcachon-Becken. Am Hafen sieht man die *pinasses*, die flachen Fischerboote, vor den Holzhütten liegen. Mitte August platzt die Hafenstadt aus den Nähten, denn während des Austernfestes wird eine Woche lang geschlemmt und gefeiert. Hier dreht sich eben alles um die Auster, das beweist auch ein Blick in das Museum La Maison de l'Huître (Port de Larros, Juli–Aug. tgl. 15–18 Uhr, Eintritt 15 FF).
Parc ornithologique le Teich (C 8): Tgl. 10–20 Uhr, Eintritt 33 FF. Über die RN 250 Richtung Bordeaux erreicht man nach etwa 14 km den 120 ha großen Vogelpark Le Teich. Auf vorgegebenen Routen darf man ihn erkunden und entdeckt Wildenten, Störche, Gänse und andere Vögel in völliger Freiheit. Einige ziehen weiter gen Süden, andere leben ständig in diesem Revier. Wer kein Fernglas besitzt, sollte sich eines an der Kasse ausleihen. Nebenan gibt es ein Schmetterlingshaus, in dem Hunderte farbenprächtiger Schmetterlinge umherfliegen (La Serre aux Papillons, Eintritt 40 FF).
Andernos-les-Bains (C 8): Ein bekannter Austernhafen und munterer Badeort zugleich. Hier sollte man sich die Kirche Saint-Éloi anschauen. Sie ist der älteste erhaltene Sakralbau am Bassin d'Arcachon und bezeugt den Ort als Station der Santiago-Pilger.
Cap Ferret (C 8): Der gut 50 m hohe Leuchtturm auf der Landzunge weist den Weg. Das Cap Ferret ist bekannt für seine schönen Badestrände – ein idealer Ort zum Baden und Bummeln. Ach ja, man kann auf den Leuchtturm hinaufsteigen, und wer die 250 Stufen geschafft hat, wird mit einer tollen Aussicht auf Arcachon und die Dune du Pilat belohnt.

OTSI: Esplanade Georges Pompidou,
Tel. 05 57 52 97 97,
Fax 05 57 52 97 77.

Hôtel de la Plage: 10, av. Nelly Deganne,
Tel. 05 56 83 41 47, Fax 05 56 83 41 47, günstig/moderat. Gut gelegenes Hotel mit zweck-

Orte von A bis Z # **Arcachon**

Und dann noch ein Glas Entre-deux-Mers dazu... Austernstand an der Uferpromenade von Arcachon

mäßigen Zimmern, die auch ohne Halbpension zu mieten sind. Wer nichts gegen Reisegruppen hat, ist hier gut aufgehoben. Nur der Name täuscht: Der Strand ist gut 10 Min. entfernt. Tiefgarage vorhanden.
Le Nautic: 20, bd. de la Plage, Tel. 05 56 83 01 48,
Fax 05 56 83 04 67, moderat.
Eine solide Adresse nahe dem Jachthafen. Speisen muß man außer Haus. Das Bett in Zimmer 12 garantiert eine rückenschmerzenfreie Nacht.
Le Dauphin: 7, av. Gounoud, Tel. 05 56 83 02 89,
Fax 05 56 54 84 90, moderat.
Die verspielte Stadtvilla unweit des Bahnhofs stimmt schon beim Anblick bestens auf Arcachon ein. Sehr gutes Preis/Leistungsverhältnis und nettes Personal.
Le Gascogne: 79, cours Héricart-de-Thury, Tel. 05 56 83 42 52,
Fax 05 83 15 55, moderat.
Zwischen Einkaufsstraße und Strandboulevard ist man mitten im prallen Stadtleben untergebracht, mit allen Vor- und Nachteilen. Die Zimmer haben überhaupt keinen Charme, dafür ist das angeschlossene Restaurant L'Ombrière um so angenehmer. Auf dem Speisezettel stehen traditionelle französische Gerichte und natürlich Meeresfrüchte aller Art.
Semiramis: 4, allée Rebsomen, Tel. 05 56 83 25 87,
Fax 05 57 52 22 41, teuer/Luxus.
Die frühere Villa Térésa aus der Belle Époque liegt malerisch auf einem Hügel der Winterstadt. Das ›Hôtel de Charme‹ garantiert eine wohltuende Ruhe und aufmerksamen Service. Auch wer hier nicht einkehrt, sollte unbedingt einen Blick in den entzückenden Eingangsbereich werfen (Juli und Aug. nur mit Vollpension).

Im Raum Arcachon gibt es rund 20 Campingplätze unterschiedlicher Größe.
Camping Club d'Arcachon:
1, avenue de la Galaxie, Abatilles

Arcachon

Orte von A bis Z

Tel. 05 56 83 24 15,
Fax 05 57 52 28 51.
Am dichtesten an Arcachon gelegen. Mit allem Komfort, dafür etwas teuer. Leider gibt es vom Bahnhof Arcachon keine Busverbindungen zum Platz.

Entlang der Uferpromenade verläuft die touristische Schlemmermeile. Trotz der großen Auswahl hat man bei schönem Wetter Mühe, einen freien Tisch zu finden. Was es zu essen gibt, ist leicht festzustellen: Fische und Meeresfrüchte aller Art.
Le Tchanqué: Rue Jolyet,
Tel. 05 56 83 97 70.
Wer auf den Meeresblick verzichten kann, wird in diesem sympathischen Familienrestaurant angenehm überrascht. Hier gibt es fangfrischen gegrillten Fisch, Paella, große Salatteller und die beste Mousse au chocolat weit und breit. Die täglich wechselnden Mittagsmenüs strapazieren die Reisekasse nicht.
Chez Yvette: 59, bd. Général Leclerc, Tel. 56 83 05 11, teuer.
Eins der besten Restaurants der Stadt. Die raffiniert zubereitete Seezunge ist einmalig.

Einkaufsstraße und Flaniermeile zugleich ist die **Avenue Gambetta.** Vom maritimen Ringelshirt bis zur Batterie für den Walkman ist hier alles zu haben. Zwei Geschäfte sind besonders interessant: Die **Boutique Landaise** wegen ihrer kulinarischen Köstlichkeiten aus Südwestfrankreich und **Senteurs Déco** wegen seiner phantasievollen Duftarrangements.

Im Sommer trifft sich tout Arcachon in den Cafés, Bars und Diskotheken am Boulevard de la Plage und, wenn es dunkel wird, auch gern am Strand zu einer Spontanparty. Je nach Wetterlage sucht man aber auch das Casino Château Deganne mit Roulette, Black Jack und Spielautomaten auf oder läßt die Kugel im Bowling Center, Allée des Mimosas, rollen.

Segelregatta: Anfang Juli.
Fête de la Mer: Schlemmerstände, Buden und diverse Veranstaltungen, Mitte Aug.

Gare SNCF: Bd. Général Leclerc, Zugauskunft Tel. 05 36 35 35 35.
Regelmäßig Züge nach Bordeaux, Fahrt etwa 40 Minuten.
Autovermietung: Avis, im Bahnhof, Tel. 05 56 83 49 57; Europcar, 35, bd. Général Leclerc, Tel. 05 56 83 48 00; Hertz, Shell-Tankstelle bd. Mestrézat, Tel. 05 56 54 88 12; Sporthafen (Verwaltung), Tel. 05 56 22 36 70.

Bayonne

Lage: B 12
Einwohner: 33 000

Bayonne, am schiffbaren Adour und spanischen Grenzfluß Nive gelegen, ist das Eingangstor zum Baskenland. Und wie die Region selbst, so versprüht auch die Stadt diese prickelnde Mischung aus französischem Flair und spanischer Alegría. Hier wird tatsächlich ein bißchen mehr gefeiert, gescherzt und ein bißchen üppiger gegessen als sonst in Frankreich. Bayonne ist eine dreigeteilte Stadt. Doch ganz gleich, ob man an der Zitadelle von St-Esprit, den Stadtmauern von Grand Bayonne oder in den Altstadtgassen von Petit Bayonne bummelt, die mi-

Orte von A bis Z **Bayonne**

litärische Vergangenheit ist immer deutlich sichtbar. Den Römern folgten Goten, Araber, Normannen und schließlich Engländer, die bis Ende des Hundertjährigen Krieges blieben. Nachdem Vauban, der vielbeschäftigte Festungsbaumeister Ludwigs XIV., Bayonne zu einer Militärfeste ausgebaut hatte, wurden hier jene auf Musketen aufsetzbare Lanzenklingen gefertigt, die nach der Stadt dann Bajonnette genannt wurden. Heute sind mit dem Namen Bayonne vor allem Besonderheiten feinschmeckerischer Art verbunden: Schinken, Schokolade und Kräuterschnaps.

Kathedrale Ste-Marie:
Grand Bayonne, 10–12 und 15–18 Uhr, So nur nachmittags.

Mit ihren fast 90 m hohen gotischen Spitztürmen überragt die Kathedrale das Stadtzentrum. Die Größe des Kirchenschiffs und das kunstvolle Dekor, zum Beispiel die Schlußsteine am Kreuzrippengewölbe mit ihren farbenprächtigen Wappenbildern, zeugen von der Bedeutung Bayonnes im Mittelalter. Die Darstellung des Jacobus Mayor am Nordportal zeigt, daß die Stadt auch Durchgangsstation der Jakobspilger war, zu erkennen am Pilgerhut und an der Jakobsmuschel.

Zum sehenswerten **Kreuzgang** (cloître) gelangt man nur von außen über die Rue Montaut (Eintritt 10 FF). Die gotischen Bögen im Umlauf sind von perfekter Harmonie. Am Ende des Gangs befindet sich das Grabmal der Léopol-

Bayonne
Orte von A bis Z

dine de Lorraine, einer Ehrendame der spanischen Königin.

Musée Basque: 1, rue Marengo. Das Museum für baskische Geschichte und Tradition mußte 1989 wegen Baufälligkeit schließen. Das Gebäude wird zwar restauriert, ob das Museum dort wieder einziehen wird, ist jedoch ungewiß. Wahrscheinlich wird es im Château Neuf eröffnet, aber wohl erst im Jahr 2000.

Musée Bonnat: Petit Bayonne, 5, rue Laffitte, 10–12 und 14.30–18.30 Uhr, Di geschl., Eintritt 25 FF.

Léon Bonnat, reicher Kunstliebhaber, vermachte seiner Geburtsstadt eine der wertvollsten Sammlungen Frankreichs. So zeigt das Museum neben Skulpturen, Zeichnungen und Gemälden, u. a. von Rubens, Goya, El Greco und Ingres, auch kostbare Tapisserien aus Brüsseler Werkstätten.

Altstadt: Erst bei einem Streifzug durch die Gassen von Grand und Petit Bayonne mit den mittelalterlichen Häusern im baskischen Stil, den Bodegas und Tapas-Bars, den wehrhaften Stadttoren und den traditionellen Handwerksbetrieben wird der Charme Bayonnes deutlich. In der Rue de la Vieille Boucherie in Grand Bayonne liegt die Werkstatt von Gérard Leoncini. Ihm kann man bei der Fertigung der traditionellen Makila über die Schulter schauen. Die kunstvoll geschnitzten Wanderstöcke mit integrierter Stichwaffe (Vorläufer der Bajonnette) dienten früher den Schäfern und Pilgern als Schutz und Stütze zugleich. Heute sind sie eher Prestigeobjekte, für die man bis zu 10 000 FF hinblättert und bei der Ausfuhr einen Waffenschein braucht! Alain Delon besitzt auch eine Makila. Ob er sie kaufte oder geschenkt bekam, können Sie Monsieur Gérard ja 'mal persönlich fragen.

Jardin Botanique: Grand Bayonne, hinter dem Château Vieux, Eintritt frei.

Für Liebhaber exotischer Pflanzen präsentiert sich hier ein japanisch anmutender Garten mit 1000 verschiedenen Pflanzenarten.

Grotten Isturitz und Oxocelhaya (C 12):

Über Hasparren nach St-Martin-d'Arberou, 15. März–15. Nov., 10–12 und 14–18 Uhr, in Juli und Aug. 10–18 Uhr, Eintritt 25 FF, Dauer der Führung: 40 Min.

Zwischen Stalagmiten und Stalaktiten entdeckt man die faszinierende Welt der Menschen von vor 40 000 Jahren.

 OTSI: Place des Basques, Tel. 05 59 46 01 46.

Hier auch Verkauf typisch baskischer Souvenirs und T-Shirts mit witzigen baskischen Motiven.

 Le Port-Neuf: 44, rue Port-Neuf, Tel. 05 59 25 65 83, kein Fax, günstig.

Das winzige Hotel ist von außen ein schnuckeliges baskisches Fachwerkhäuschen. Es hat nur vier ganz einfache, aber chamante Zimmer. Wer sich nicht scheut, durch die Bar ins Hotel zu gehen, wird mit einer supergünstigen Bleibe mitten im Fußgängerzentrum belohnt.

Hôtel des Basses-Pyrénées: 1, place des Victoires/Rue Tour de Sault, Tel. 05 59 59 00 29, Fax 05 59 59 42 02, günstig/moderat.

Von außen sieht das Haus zwar etwas farblos aus, aber die Zimmer sind in Ordnung.

Grand Hôtel Bayonne: 21, rue Thiers, Tel. 05 59 59 14 61,

Orte von A bis Z **Bayonne**

Fax 05 59 25 61 70, teuer.
Das ehemalige Nonnenkloster bietet geschmackvoll eingerichtete Zimmer in gedämpften Farben mit allem Komfort.

Tittikitto: Bei der Markthalle *(halles)*, Grand Bayonne. Kein Restaurant, sondern ein Stand mit frischen Austern. Davor stehen einige Bistrotische. Die günstigste Art, zwischendurch ein paar Austern zu essen, zum Beispiel 6 Stück inklusive ein Ballon de Blanc für 35 FF.
Des Carmes: 4, rue des Carmes, Grand Bayonne, zwischen Rue Thiers und Rue Port-Neuf.
Das Richtige für die Mittagszeit, hier läßt sich herrlich ruhig in einer Seitenstraße der Altstadt speisen. Es stehen nur ein paar Tische draußen. Gute Mittagsmenüs zum kleinen Preis. Nur nicht wundern, wenn die Bedienung immer wieder verschwindet – die Küche befindet sich in einer Nebenstraße.
El Asador: Rue de la Vieille Boucherie/Place Montaut, Grand Bayonne, Tel. 05 59 59 08 57, So abends und Mo geschl.
Wer sich etwas besonderes gönnen möchte, ist in diesem kleinen, feinen Lokal genau richtig. Die Spezialität sind marinierte Anchovis, gefolgt von köstlich zubereiteten Milchlammkoteletts. Zum Nachtisch die katalanische Créme, wie man sie sonst nur noch in Barcelona findet. Dazu trinkt man stilecht einen Wein aus dem baskischen Irouléguy. Menüs ab 118 FF aufwärts.
Le Cheval Blanc: 68, rue Bourgneuf, Grand Bayonne,
Tel. 05 59 59 01 33.
Maître Jean-Claude Telléchéa zelebriert Gaumenfreuden der baskischen Art und wurde dafür mit einem Michelin-Stern belohnt.

Gérard Leoncini in der Rue de la Vielle Boucherie, Bayonne, präsentiert eine Makila

Himmlisch auch der Preis, denn die Menüs liegen zwischen 115 FF und 260 FF.
Maison Cazenave: 19, rue Port Neuf.
In diesem Salon de Thé gibt es die beste heiße Schokolade von ganz Bayonne – unvergleichlich cremig und dickflüssig. Ein Genuß!

Pierre Ibaïlde: 41, rue des Cordeliers, Petit Bayonne.
Hier hängt die ganze Pracht Bayonner Hinterschinken und andere fleischliche Köstlichkeiten.
Atelier du Chocolat: 2, rue des Carmes, Grand Bayonne.
Es ist unfaßbar, was hier aus Schokolade gemacht wird. Skulpturen, Chisteras, und alles übertreffend sind die geschmacklichen Kreationen. Oder wo sonst gibt es Schokolade mit scharfen Paprikaschotenstückchen?

Biarritz

Orte von A bis Z

Destillerie IZARRA: 9, quai Bergeret, St-Esprit, Tel. 05 59 55 09 45. Eine Vielzahl einheimischer und orientalischer Kräuter ergeben zusammen mit Alkohol den Izarra. Die Basken nennen ihn Likör, was für die gelbe Variante durchaus zutreffen mag, der Grüne hingegen hat's mit seinen 48 % ganz schön in sich. Geführte Besichtigungen und Schnapsprobe mehrmals täglich. Besser vorher anrufen, da die Busgruppen scharenweise kommen.

Foire aux Jambons: Anfang März.
Journées du Chocolat: Anfang Juni.
Jazz-Festival mit internationalen Bands: Mitte Juli.
Fêtes de Bayonne: Volksfest mit baskischer Kapelle, Stierkampf und Tanz. 3. Juli-Woche.

Aéroport de Parme: Tel. 05 59 43 83 48 /-83. Flughafen für Biarritz, Anglet und Bayonne.
Gare SNCF: Place de la République, St-Esprit, Tel. 05 59 46 81 35.
Bus STAB: Place du Général de Gaulle, vor dem Rathaus, Tel. 05 59 52 59 52.

Biarritz

Lage: B 12
Einwohner: 27 000

Mondän, aufregend und schön! Seit Napoleon III. und seine Frau Eugénie de Montijo das frühere Fischerdorf zum Sommerbad erhoben, ist Biarritz die Stadt der Superlative – auch, was das Preisgefüge betrifft. Um die Jahrhundertwende genoß hier der russische Hochadel den Champagner in Strömen. Und Bismarck wäre bei seinem Bad an der Grande Plage fast im Meer ertrunken. Auch die Amerikaner erlagen dem Charme dieses Seebades, das 1888 den ersten Golfplatz in Europa eröffnete. Rita Hayworth liebte sowohl den Luxus des Golfplatzes als auch den des Hôtel du Palais. Heute ist Biarritz mit den Villen der Belle Époque, dem nostalgischen Fischerhafen und den traumhaften Aussichtspunkten ein Mekka für Surfer, Golfer und jeden, der die herbe Schönheit der baskischen Küste zu schätzen weiß.

Rocher de la Vierge: Zum Wahrzeichen der Stadt wurde der traumhafte Felsblock im Meer, der mit der Statue der Jungfrau Maria bekönt ist. Bei Tag ist er Pilgerziel der Touristen und bei Nacht einer der romantischsten Plätze für Verliebte. Eiffel hat die eiserne Brücke entworfen, denn ursprünglich sollte dies der Teil einer Hafenmole werden. Wie man sieht, wurde der Hafen nie gebaut.
Chapelle Impériale: Rue Pellot, nur Do 14.30–17.30 Uhr.
Auf Wunsch Kaiserin Eugénies baute ein Schüler Viollet-le-Ducs die Kapelle im neoromanisch-byzantinischen Stil. Wie von der Kaiserin bestimmt, finden heute noch vier Messen im Jahr zu Ehren der kaiserlichen Familie statt.
Musée du Chocolat: 4, av. de la Marne, Tel. 05 59 24 50 50, 20 FF. Rund 100 Besucher zählt der gelernte Chocolatier Fabrice täglich in seinem Museum. ›Und jeder ist begeistert‹, sagt er anschließend und strahlt. Und wirklich, es ist mit Liebe gemacht. Im Eingangsbereich sind zahlreiche Skulpturen aus Schokolade zu bewundern.

Orte von A bis Z **Biarritz**

Auf Wunsch wird ein kurzer Videofilm gezeigt, der über den Ursprung der Schokoladen-Tradition im Baskenland berichtet, und schließlich reicht Fabrice verschiedene Proben. Das Beste kommt zum Schluß: Ein Gläschen heiße Schokolade, hausgemacht, versteht sich.

Musée de la Mer: am Rocher de la Vierge, Tel. 05 59 22 33 34, 45 FF, 9.30–20 Uhr, im Winter 9.30–12.30, 14–18 Uhr.
Rund 150 Fischarten, darunter einige Haie, sind im Meeresaquarium zu sehen. Der Schlager bei Kindern ist das große Seehund-Becken. Fütterung: 10.30 und 17 Uhr.

Treffpunkt ist die **Grande Plage** direkt an der Hauptpromenade. Hier tummeln sich Surfer, Sonnenanbeter und Schwimmer, denn der Abschnitt ist bewacht. Im Süden beginnen die endlosen Strände der Côte Basque, zum Beispiel die **Plage Miramar,** wo die Keimzelle der Surfmetropole liegt. Die **Plage d' Illbaritz** ist Szenetreff, während die **Plage Milady** und **Marbella** internationale Familienplätze sind – der Campingplatz liegt gleich um die Ecke.

Ein schöner **Spazierweg** verläuft vom Rocher de la Vierge bis zum Phare, dem Leucht-

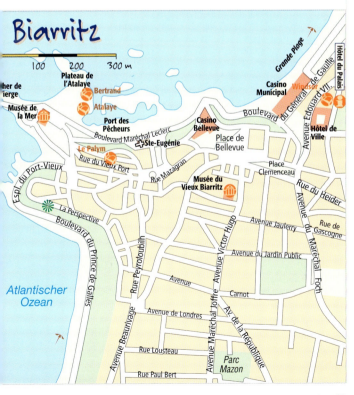

Biarritz

Orte von A bis Z

> ## Ours Blanc
>
> ›Weiße Bären‹ nennen sich die Mitglieder eines Clubs am Vieux Port in Biarritz. Sie haben sich gegenseitig verpflichtet, jeden Tag des Jahres einmal im Meer zu schwimmen. Also ganz gleich, ob im Dezember oder Mai, mindestens einen Weißen Bären wird man am Jungfrauenfelsen entdecken.

turm. Auf der Seite des Marienfelsens geht's über steile Treppen hinunter zum alten Fischerhafen. Von dort aus führt der Weg an der Küste entlang zur Grande Plage, am Casino und dem Hôtel du Palais vorbei und schließlich hinauf zum Leuchtturm. Dort angekommen, wird man mit einer tollen Aussicht auf Biarritz, die Côte Basque und die feinsandigen Strände von Anglet belohnt.

Thermes Marins: 80, rue de Madrid, Tel. 05 59 23 01 22
Thalassokuren nach Maß – auch tageweise.

Golf du Phare: 2, av. E. Cavell, Tel. 05 59 03 71 80.
Der 18-Loch-Platz mit 110jähriger Geschichte liegt fast direkt im Zentrum.

Surf Training: 4, imp. Hélène Boucher, Tel. 05 59 54 83 41, April–November.
Surfschule und Verleih von Surfbrettern.

OTSI: Square d'Ixelles-Jovalquinto, Tel. 05 59 22 37 10.

Auberge de Jeunesse: 8, rue Chiquito de Cambo, Tel. 05 59 41 76 00,
Fax 05 59 41 76 07, Rezeption besetzt von 8.30–22 Uhr.
Eine echte Alternative zu vielen Hotels. Wer an Herbergsmief und Ausgehsperre denkt, liegt völlig falsch. Das helle, mit viel Glas gebaute Gebäude wurde erst im Juni 1998 eröffnet und ist eine absolute Luxusherberge. Viele Zweibettzimmer, zahlreiche behindertengerechte Zwei- und Mehrbettzimmer sowie eine Cafeteria mit Bar, die locker mit jedem Café-Restaurant mithalten kann. Der Bahnhof liegt in unmittelbarer Nähe, auch eine Bushaltestelle vor der Haustür wird bis Sommer '99 eingerichtet sein.

Le Palym: 6/7, rue du Vieux Port, Tel. 05 59 24 16 56,
Fax 05 59 24 96 12, günstig.
Süßes, kleines Hotel, direkt in der Bar- und Einkaufsstraße gelegen. Hier geht es gemütlich und sehr familiär zu. Die Besitzerin läßt alle Zimmer nach und nach renovieren. Der Cousin sitzt am liebsten mit einem Pastis vor dem Hotel, um alles zu beobachten. Und der quirlige Richard liebt Reggae und hält den Laden in Schuß. Ach ja, die Paella, die auf der Terrasse im gegenüberliegenden Palmarium serviert wird, ist auch von ihm. Wenn nur die Matratzen nicht so weich wären…

Bertrand: 1, place de l'Atalaye, Tel. 05 59 24 15 91, moderat.
Hier ist die Zeit stehengeblieben. Wer das erste Mal hineingeht, glaubt im Flur eines Privathauses zu stehen: Keine Rezeption weit und breit. Rechts die Tür öffnen und dort sitzt Madame, das heißt meistens döst sie im Sessel, umgeben von Dutzenden von Plüschhunden. Wer dann die Zimmer

Orte von A bis Z **Biarritz**

Wo sich einst der Adel Europas ein Stelldichein gab, tummeln sich heute die Surfer

sieht, ist positiv überrascht, allerdings gibt es nur fünf.
Atalaye: Plateau de l'Atalaye, Tel. 05 59 24 06 76, Fax 05 59 22 33 51, moderat/teuer.
Direkt neben dem Hotel Bertrand, in einem wunderschön restaurierten Jugendstilhaus. Alle Zimmer haben Dusche und WC, was nicht alle Zwei-Sterne-Häuser bieten. Der Ausblick der Zimmer ist sehr unterschiedlich. Vorher anschauen.
Windsor: Av. Édouard VII, Tel. 05 59 24 08 52, Fax 05 59 24 98 90, Jan. und Febr. geschl., teuer/Luxus.
Ein Luxushotel, das für Biarritz preislich im unteren Bereich liegt. Die Zimmer mit Meerblick sind am teuersten. Gehobenes Restaurant mit gutem Ruf.
Hôtel du Palais: Av. de l'Impératrice, Tel. 05 59 41 64 00, Fax 05 59 41 67 99, Luxus.
Es wurde nach dem Vorbild der Villa Eugénie erbaut, dem Sommerpalast Napoleons III. und seiner Frau. Heute gehört es zu den führenden Hotels der Welt und ist eine Sehenswürdigkeit. Beheizter Außenpool, eigener Zugang zum Strand und im Innern die gediegene Atmosphäre der Belle Époque.

 Le Chalut Appastepua: 46, av. Édouard VII, Tel. 05 59 22 07 37, So u. Mi geschl.
Typisch baskische Küche mit herzhaften Gerichten zu vernünftigen Preisen. Die Menüfolge mit Spezialitäten aus sieben Provinzen kann sich jeder Gast nach Lust und Laune selbst zusammenstellen. Zum Beispiel mit Fischmousse gefüllte Paprikaschoten und anschließend Hähnchen auf baskische Art. Passender Aperitif ist Patxaran auf Eis, dazu werden Tapas gereicht.
La Chaloupe: 11, perspective de la Côte, Tel. 05 59 22 36 21.
Ein echter Geheimtip. Bei den Preisen ist allemal ein Teller Austern mit einem Glas Jurançon Brut Océan für 40 FF als Vorspeise drin.

Bidart

Orte von A bis Z

Château d'Urtubie

An der Küstenstraße von Biarritz nach St-Jean-de-Luz liegt das Château d'Urtubie. Seit dem 14. Jh. ist es im Besitz einer Familie, wirkt aber keineswegs museal. Für 200 FF kann die Schloßbesichtigung mit einem Dîner kombiniert werden. Wer bleiben möchte, mietet ein Zimmer im Schloß für 400–800 FF die Nacht. Reservierung: Tel. 05 59 54 31 15.

Klasse Fischgerichte und lockere, familiäre Atmosphäre.
Café de Paris: 5, place de Bellevue, Tel. 05 59 23 15 83.
Maître Didier Oudil hat das Restaurant wieder zu einer der Top-Adressen der Stadt gemacht. Das liegt bestimmt auch an seinem einzigartigen Hummersalat mit Kokosmilch.

Chocolatier Henriet: Place Clemenceau.
Unwiderstehlich! Man könnte in der besten Pâtisserie der Stadt alles probieren. Eine Sünde wert sind auf jeden Fall die Rochers de Biarritz.
Maison Arostéguy: 5, av. Victor Hugo.
Feinkost à la Biarritz und rund 5000 Artikel aus der ganzen Welt, darunter 128 verschiedene Whiskeysorten und ein außergewöhnlicher Weinkeller. Der älteste Tropfen stammt aus dem Jahr 1875, da hatte die Familie Arostéguy ihr erstes Geschäft in Biarritz eröffnet.

Am Abend trifft man sich zu Pintxos (bask. für Tapas) und einem Bierchen am **Vieux Port** oder in den Lokalen in der **Rue du Vieux Port**. Zum Abfeiern geht es dann in eine der Cocktailbars oder einen Club unter den Arkaden in der **Avenue Édouard VII**.

Aéroport de Parme:
Tel. 05 59 43 83 48 /-83.
Flughafen für Biarritz, Anglet und Bayonne.
Gare SNCF: La Négresse, Allée du Moura, Tel. 05 59 23 04 84
Busbahnhof: Bei der Gare SNCF.

Bidart

Lage: B 12
Einwohner: ca. 500

In dem winzigen Dorf liegen alle wichtigen Gebäude rund um den Hauptplatz: Das Rathaus mit seinem Glockentürmchen, der Fronton und natürlich die Dorfkirche. Nicht zu vergessen das Hotel Elissaldia, das auch Tabakladen, Dorfschenke und Pferdewettbüro in einem ist. Das Schönste ist allerdings die Aussicht am Fels bei der einsamen Kapelle Ste-Madeleine.

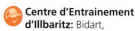
Centre d'Entrainement d'Illbaritz: Bidart,
Tel. 05 59 43 81 30.
Wer noch nie Golf gespielt hat, es aber immer schon versuchen wollte, hat im Golf-Trainingscenter die Möglichkeit dazu. Der am Meer gelegene Platz steht allen offen. Einzige Voraussetzung: Korrekte Kleidung tragen und Geld mitbringen, alles andere gibt es zu leihen.

Orte von A bis Z **Biscarrosse**

Picknick: Eine schöner Platz für ein Picknick liegt unterhalb des Ortskerns am Meer. Kurz vor dem Schild Bidart-Centre rechts den Serpentinenweg runter fahren.

 OTSI: Rue d'Erretegia, Tel. 05 59 54 93 85.

 Pénélope: Av. du Château, Tel. 05 59 23 00 37, Fax 05 59 43 96 50, moderat.
Ein verwinkeltes, charmantes Sommerhäuschen mit kleiner Gartenterrasse unter schattigen Platanen. Einige Zimmer mit Blick auf das Meer und die Golfanlage.

La Table des Frères Ibarboure: Chemin de Ttalienia, Tel. 05 59 54 81 64.
Eine erstklassige Adresse. Manch einer kommt extra aus Bordeaux angereist, um hier am Wochenende die baskisch-französische Küche zu genießen. Unbedingt reservieren.

Biscarrosse

Lage: C 9
Einwohner: ca. 8000

10 km Dünen und Pinienwald trennen Biscarrosse von den feinsandigen Stränden in Biscarrosse-Plage. Das Verwaltungszentrum der historischen Landschaft Born in den Landes liegt zwischen den fischreichen Seen von Cazaux und Sanguinet. Außer dem Museum für Wasserflugzeuge hat die Stadt nichts wirklich Interessantes zu bieten.

Musée de l'Hydraviation: 332, av. Louis-Bréguet, Tel. 05 58 78 00 65, im Sommer

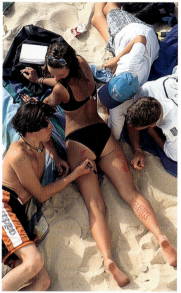

Sauve qui peut l'amour: Strandleben in Biscarrosse

tgl. 10–19, sonst 14.30–18 Uhr, Eintritt 20 FF.
Das Museum ist ausschließlich der Geschichte der Wasserflugzeuge und den Atlantikflügen gewidmet, die hier starteten.

Biscarrosse-Plage: Ausgedehnte Sandstrände hinter teilweise hohen Dünen. Selbst im Hochsommer findet sich hier noch ein ruhiges Plätzchen. Nicht alle Strände der näheren Umgebung sind bewacht. Vorsicht beim Baden!

Radtouren: Biscarrosse ist ein ideales Fahrrad-Revier. Entlang schattiger Pinienwälder läßt es sich gemütlich bis zur Dune de Pilat (s. S. 34) bei Arcachon radeln.

OTSI: Avenue de la Plage, Tel. 05 58 78 20 96.

Blaye

Orte von A bis Z

La Forestière: Av. du Pyla, Tel. 05 58 78 24 14, Fax 05 58 78 26 40, April–Sept. Schönes Hotel zwischen Dünen und Kiefernwald mit Schwimmbad vor der Tür.

Camping de la Rive: Tel. 05 58 78 12 33, Fax 05 58 78 12 92.
Ein schön gelegener großer Platz am Lac de Sanguinet. Mit allem Komfort, da fehlt nur noch die Disco auf dem Gelände.

Fête de l'Huître: Anfang April.

Blaye

Lage: D 7
Einwohner: 4500

Die kleine Weinstadt an der Gironde ist durch ihre Vaubansche Festungsanlage touristisch attraktiv geworden. Immerhin gilt sie vielen als Meisterwerk der Militärarchitektur des 17. Jh. Doch auch, wer Zitadellen und Festungen wenig spannend findet, kommt in Blaye auf seine Kosten. In der Stadt, die in ihren Mauern einst sogar Karl den Großen und seinen nicht minder berühmten Neffen Roland beherbergte, kann man ohne weiteres einen interessanten Tag verbringen. Und sei es auch nur, um die bodenständigen Weine der Côtes de Blaye oder die original französischen ›Praslines‹ an ihrem Herkunftsort zu kosten.

La Citadelle de Blaye: Tgl., Eintritt frei. Hinein durch die Porte Royale oder die Porte Dauphine – und schon kann die Entdeckungstour beginnen. Für ganz Sportliche ist ein *parcours sportif* ausgewiesen, denn immerhin erstreckt sich die 1689 fertiggestellte Zitadelle über gut 1 km. Ludwig XIV. ließ sie von seinem Festungsbaumeister Vauban zum Schutz der Stadt Bordeaux errichten. Zusammen mit dem gegenüberliegenden Fort Médoc bei Lamarque sollte sie feindliche Angriffe bereits bei der Durchfahrt der Gironde vereiteln. Die Türme bieten eine weite Sicht auf Stadt und Umland.

Musée d'Histoire et d'Art: In der Zitadelle, Tel. 05 57 42 13 70, Mitte März–Mitte Oktober, tgl. 14–19 Uhr.
Das überschaubare kunsthistorische Museum des Blayais ist in dem Trakt der Zitadelle untergebracht, der für Marie-Caroline Herzogin von Berry ab 1832 zum Gefängnis wurde. Sie hatte erfolglos versucht, den Bürgerkönig Louis-Philippe zu stürzen.

Wein-Châteaux: Im Umkreis von Blaye erstrecken sich die Weinberge der Côtes und Premières Côtes de Blaye sowie die Côtes de Bourg. Dazwischen liegen mehrere sehenswerte Châteaux und die prähistorische Höhle von Pair-non-Pair, die gern als ›Klein-Lascaux‹ bezeichnet wird (Besichtigungen im Sommer tgl. 10–12, 14–17 Uhr).

OTSI: Allées Marines, Tel. 05 57 42 12 09.

La Citadelle: Place d'Armes, Tel. 05 57 42 17 10, Fax 05 57 42 10 34, moderat.
Es ist *die* Adresse in Blaye. Gut schlafen und speisen innerhalb der alten Festungsmauern. Nur die Zimmereinrichtung könnte etwas geschmackvoller sein.

Orte von A bis Z **Bordeaux**

Mousse in allen Variationen ist eine Spezialität der Atlantikküste

Auberge du Porche: 5, rue Ernest-Régnier, Tel. 05 57 42 22 69, Mo geschl. Bodenständige, regional angehauchte Gerichte wie bei Muttern. Einfach, gut und günstig.

Pâtisserie Brégier: 15, cours de la République.
Spezialität des Hauses sind die ›Praslines‹ aus Blaye, die auf eine Erfindung des Kochs von Graf Plessis-Praslin – dem Namensgeber der süßen Sünde – zurückgehen.
Maison de Vin: Cours Vauban
Am Fuß der Zitadelle bietet die Weinvereinigung der Côtes de Blaye nicht nur die örtlichen Appellationen zum Kauf an, sondern hält ausführliche Informationen und Anregungen zum Thema Wein bereit.

Fähre nach Lamarque: Ab Blaye-Hafen mehrmals tgl. mit Autotransport. Fahrtdauer ca. 30 Min. Fahrplanauskunft unter: Tel. 05 57 42 04 49.

Bordeaux

Lage: D 8
Einwohner: 215 000 (mit Vororten 620 000)
Extra-Tour: 5, S. 92

Stendhal, der vielgereiste französische Romancier, hielt Bordeaux für die schönste Stadt Frankreichs. Mit seiner Meinung steht er sicher nicht alleine da. Die Stadt mit der 2000jährigen Geschichte wendet sich stolz und elegant Richtung Garonne. Mit ihren prächtigen Stadtvillen, Pavillons und dem überragenden Opernhaus genießt Bordeaux den Ruf, das größte klassizistische Stadtensemble Frankreichs zu besitzen. Seit Expremier Alain Juppé als jetziger Bürgermeister von Bordeaux dafür sorgte, daß auch nachts die Stadt ins rechte Licht gerückt wird, waren die stolzen Bordelaiser geradezu begeistert. Ihnen wird sonst eher vornehme Zurückhaltung nachgesagt, man könnte es auch bour-

Bordeaux

Orte von A bis Z

geoises Understatement nennen – vielleicht ein Erbe der 300jährigen englischen Geschichte der Stadt. Die vornehme Weinhandelsmetropole mit ihren wohlhabenden Kaufmannsfamilien hat viele Gesichter. Da ist die Altstadt mit ihren bunten Märkten und der kulturellen Vielfalt der Einwohner aus Portugal, Spanien und den Maghreb-Staaten; die Studenten der Universitätsstadt Bordeaux, die sich abends in den Kneipen und Szenetreffs tummeln; die Fußballstadt Bordeaux mit dem Traditionsclub FC Girondins. Und schließlich die Wirtschaftsstadt mit ihren Industriebetrieben und Distributionszentren. Kurz, die fünftgrößte Stadt Frankreichs hat viel zu bieten, und das für mehr als einen Tag.

Entrepôts Lainé: 7, rue Ferrère, Di–So 11–19 Uhr, Eintritt 30 FF, mittags Eintritt frei. Zu einem Musée d'Art Contemporain umgestaltete alte Lagerhäuser im Chartrons-Viertel, wo heute Ausstellungen zeitgenössischer Kunst präsentiert werden (mit tollem Café-Restaurant auf dem Dach).

Esplanade des Quinconces: An der Stelle der einstigen Festungsanlage, dem Châteaux Trompette, erstreckt sich mit einer Fläche von 12 000 m² der größte innerstädtische Platz Europas. Das höchste

Orte von A bis Z **Bordeaux**

Monument des Platzes erinnert an die Girondisten, gemäßigte Republikaner, die während der Revolution ermordet wurden. Der Sockel des Denkmals ist von zwei Brunnen umgeben, der mit Allegorien zur Stadtgeschichte geschmückt ist. Etwas versteckt tauchen auf halber Höhe des Platzes die Statuen von Montaigne und Montesquieu auf. Zur Gironde hin zieren zwei Säulen zum Ruhm von Schiffahrt und Handel die Esplanade.

Grand Théâtre: Place de la Comédie, geführte Besichtigungen nach Anmeldung im Office de Tourisme.

Ein Meisterwerk der Architektur des 18. Jh. Die Fassadenfront wird von zwölf korinthischen Säulen geschmückt, die von neun Musen sowie Minerva, Juno und Venus bekrönt sind. Im Eingangsbereich schuf der Architekt Victor Louis einen monumentalen Treppenaufgang, der zum Vorbild für den des Pariser Opernhauses wurde.

Hôtel de Ville: Place Rohan, geführte Besichtigungen Mi 14.30 Uhr ab Haupteingang.

Direkt gegenüber der Kathedrale erstreckt sich der 1771 unter Erzbischof Mériadeck de Rohan erbaute Bischofspalast mit seinem breiten Ehrenhof. Seit 1835 dient der Palast als Hôtel de Ville.

Kathedrale St-André: Place Pey-Berland, tgl. 8–12.30, 14–18 Uhr, So nachmittag geschlossen.

Der bedeutendste Kirchenbau der Stadt beeindruckt durch seinen reichen Fassadenschmuck und seine Innenausstattung. Insbesondere die Nordseite mit dem Hauptportal und der Porte Royale ist eine wirkliche Enzyklopädie des Mittelalters. Östlich der Kathedrale ragt der freistehende Glockenturm, die Tour Pey-Berland, empor. Die Besteigung lohnt wegen der tollen Aussicht auf die Stadt (im Sommer 10.30–12, 14.30–18.30 Uhr, im Winter nur Do, Sa, So bis 17.30 Uhr).

Maison du Vin: 3, cours du 30 Juillet, Mo–Sa 9–18 Uhr.

Wie ein Schiffsbug ragt das Weinhaus von Bordeaux Richtung Place de la Comédie hervor. Im Foyer mit Dekor der Jahrhundertwende sind zahlreiche Broschüren und Kontaktadressen zum Thema Bordeaux-Weine erhältlich. An einem der Tresen können verschiedene Appellationen kostenlos probiert werden.

Place de la Bourse: Heute wie früher schlägt hier das Herz der Handelsstadt Bordeaux. Jacques

Bordeaux

Orte von A bis Z

Bloß nicht runtergucken: Blick von der Tour Pey-Berland zur Kathedrale von Bordeaux

Gabriel, der Architekt der Place de la Concorde in Paris, entwarf 1735 den sich zur Garonne hin öffnenden Platz mit den eleganten Pavillons. In der Mitte steht der ›Brunnen der drei Grazien‹, in dem sich im Sommer gerne die Hunde erfrischen. Besonders am Abend, wenn alles angestrahlt wird, ist dies einer der schönsten Plätze in Bordeaux.

Quartiers des Chartrons: Nördlich der Esplanade de Quinconces lädt das alte Viertel der Weinhändler mit kleinen Gassen, eleganten Stadtvillen, netten Bistrots und Antiquitätenläden zum Bummeln abseits des Touristenrummels ein. Auch beim modernen Glaskomplex der Cité Mondiale du Vin (20, quai des Chartrons) findet man zahlreiche schöne Weinbistrots und Restaurants.

Musée des Arts Décoratifs: 39, rue Bouffard, Mi–Mo 14–18 Uhr, Tel. 05 56 10 45 62, Eintritt 20 FF, Mi kostenlos.

In einem klassizistischen Bürgerhaus werden Einrichtungsgegenstände, Mobiliar, Porzellan und Glasobjekte aus dem 18. und 19. Jh. gezeigt. Im Innenhof des Gebäudes gibt es ein einladendes Café-Restaurant, das auch außerhalb der Museumszeiten geöffnet hat. Mittagsmenü um 50 FF.

Musée d'Aquitaine: 20, cours Pasteur, Di–So 10–18 Uhr,

Orte von A bis Z **Bordeaux**

Tel. 05 56 01 51 00, Eintritt 20 FF, Mi kostenlos.
Alles über Archäologie, Geschichte, Handel und Seefahrt Aquitaniens von der Frühzeit bis in die Gegenwart. Erstklassig und auch für Laien verständlich präsentiert.

Musée des Beaux-Arts:
20, cours d'Albret, tgl. außer Di 10–12, 14–18 Uhr,
Tel. 05 56 10 16 93, Eintritt 25 FF, Mi kostenlos.
Das Kunstmuseum präsentiert ausgesuchte Werke vom Mittelalter bis zur Gegenwart auf zwei Etagen. Neben Gemälden von Tizian, Van Dyck oder Kokoschka sind auch Skulpturen zu sehen, u. a. von Rodin.

Musée des Chartrons: 41, rue Borie, Di–Sa 10–12.30, 14–17.30 Uhr, Eintritt 24 FF.
Weinhandelsmuseum in einem über 250 Jahre alten Kaufmannshaus im Chartrons-Viertel.

Weingüter: Direkt um Bordeaux herum erstrecken sich die berühmten Weinlagen. Eindrucksvoll ist die Fahrt durch das **Médoc** mit den weltbekannten Châteaux Mouton-Rothschild, Palmer und Margaux (s. Extra-Tour 2, S. 86). Nicht minder interessant ist das Anbaugebiet **Entre-deux-Mers** zwischen den Flüssen Garonne und Dordogne. Auf den Kalk- und Quarzböden wachsen die Reben für einen trockenen, leicht parfümierten Weißwein – dem idealen Begleiter zu Austern und Meeresfrüchten. Ganz nebenbei entdeckt man imposante Schlösser, romanische Kirchen und wehrhafte Städte, denn die Strecke verläuft entlang einer Pilgerroute nach Santiago de Compostela.

Südlich von Bordeaux, entlang der Garonne, reihen sich die Weinbaugebiete **Graves, Sauternais und Bordelais** hintereinander. Auch hier folgt ein Château dem nächsten: vom berühmten Château d'Yquem in Sauternes mit seinem goldfarbenen *Premier Grand Cru Classé* bis hin zum Château de la Brède, dem Geburtsort des Staatsmannes und Philosophen Montesquieu (1. Juli bis 30. Sept. Mi–Mo 14–18 Uhr, sonst nur am Wochenende).

St-Émilion (E 7/8): Die mittelalterliche Weinstadt ist unbedingt einen Abstecher wert. In ihren verwinkelten Gassen und kleinen Plätzen scheint die Zeit stehengeblieben zu sein, trotz der Touristengruppen, die sich im Sommer durch den 3000-Seelen-Ort schieben. Einige Teile der Stadt, wie z. B. die Katakomben, die Einsiedelei des Hl. Aemilianus und die größte Felsenkirche Frankreichs sind nur im Rahmen einer Führung zu besichtigen (Anmeldung im Office de Tourisme, 35 FF, 45 Min.). Ein romantischer Platz ist der Innenhof des zerfallenen Klosters der Cordeliers. Im Sommer wird hier von einem Winzer Wein ausgeschenkt. Wer Zeit hat, sollte Mitte Juni oder Mitte September den traditionellen Umzug der Weinbruderschaft Jurade miterleben.

OTSI: 12, cours du 30 Juillet,
Tel. 05 56 44 38 41
Fax 05 56 81 89 21.

Blayais: Rue Mautrec,
Tel. 05 56 48 17 87,
Fax 05 56 52 47 57, günstig.
In einer ruhigen Seitenstraße der Allées de Tourny bietet das kleine saubere Hotel schlichte Zimmer teilweise mit Miniküche für sehr wenig Geld.

Royal Médoc: 3–5, rue de Sèze, Tel. 05 56 81 72 42,

Bordeaux

Orte von A bis Z

Fax 05 56 5174 98, günstig.
Die Zimmerausstattung stammt zwar noch aus den 70ern, dafür sind die Räume aber recht groß. Zimmer 21–25 haben einen zusammenhängenden kleinen Balkon. Für die Benutzung der hauseigenen Garage werden 40 FF extra berechnet.

Hôtel de la Presse: 6–8, rue de la Porte Dijeaux, Tel. 05 56 48 53 88, Fax 05 56 01 05 82, moderat.
Die pastellfarbenen Zimmer sind unterschiedlich groß (vorher anschauen), aber nachts recht ruhig, da sie zur Fußgängerzone liegen. Der Name des Hauses aus den 20er Jahren stammt noch aus der Zeit, als die Redaktion der Zeitung Petite Gironde nebenan war.

Hôtel du Théâtre: 10, rue Maison-Daurade, Tel. 05 56 79 05 26, Fax 05 56 81 15 64, moderat.
In dem 23-Zimmer-Hotel geht es sehr familiär zu. Ein idealer Ausgangspunkt, um die Stadt zu Fuß zu erobern.

Continental: 10, rue Montesquieu, Tel. 05 56 52 66 00, Fax 05 56 52 77 97, moderat/Luxus.
Im ›Goldenen Dreieck‹ der Stadt. Kleine, aber nett eingerichtete Zimmer mit schönem Bad. Die Zimmer nach hinten sind ruhiger.

Jacomo: 17, rue Maucoudinat.
Matilda begrüßt ihre Stammgäste mit Küßchen. Die Karte bietet eine kleine Auswahl an Fleischgerichten – aber vor allem lassen sich die Studenten, Familien und Szenegänger die riesigen Pizzen schmecken: Viel, lecker, billig!

Casa Sansa: 21, rue Maucoudinat, Tel. 56 51 98 32.
Französisch-katalanische Küche bieten Francis und sein Team in einem ungewöhnlichen Ambiente. Das 1830 erbaute Gebäude diente der Stadt Jahrzehnte als Frauengefängnis. Heute fühlt man sich hier allerdings ausgesprochen wohl.

Le Parlement des Graves: 9, rue du Parlement Ste-Catherine, Tel. 05 56 51 68 54.
Der Lachsspieß mit Jakobsmuscheln ist der Renner bei den Bordelaisern. In dem freundlich hellen Restaurant gibt es typisch französische Gerichte zum kleinen Preis. Menüs schon ab 55 FF.

Brasserie Le Mably: 12, rue Mably, Tel. 05 56 44 30 10.
Bistrot, Restaurant – je nach Tageszeit verändert die traditionelle französische Brasserie ihr Gesicht. Unverändert jedoch bleibt der aufmerksame Service und die gemüt-

Bordeaux

Orte von A bis Z

liche Atmosphäre. Besonders für romantische Abende zu zweit geeignet. Hervorragende Küche zum budgetfreundlichen Preis. Tip: Menu du Bistrot.

La Tupina: 6, rue de la Porte de la Monnaie, Tel. 05 56 91 56 37. Fast schon Pflicht, ist ein Besuch in Jean-Pierre Xiradakis Edelbistrot. Seit es zum zweitbesten Bistrot der Welt gewählt wurde, läuft ohne Reservierung fast gar nichts mehr. Die gemütlich-stilvolle Landhausatmosphäre und die verfeinerte regionale Küche ist wirklich überzeugend. Erstklassige Weinauswahl und das alles zu sehr moderaten Preisen.

Le Chapon Fin: 5, rue Montesquieu, Tel. 05 56 79 10 10, So und Mo geschl.
Es gibt viele exquisite Restaurants in der Stadt, dieses gefällt besonders durch seinen Jugendstilsaal mit Patio-Atmosphäre. Maître Francis Garcia serviert à la Carte oder Menüs zu 260 FF und 400 FF.

Grands Hommes: Elegantes Einkaufszentrum mit einem Lebensmittelmarkt im Untergeschoß am gleichnamigen Platz. Drumherum, im ›Goldenen Dreieck‹ zwischen Allées de Tourny, Cours de l'Intendance und Cours G. Clemenceau, erstrecken sich

Savoir vivre: in der Altstadt von Bordeaux

Bordeaux

Orte von A bis Z

Haute Couture-Boutiquen und Luxusläden.
St-Christoly: Rue Trois Conils.
Kleine Geschäfte und Boutiqueketten, im Untergeschoß ist eine Filiale der FNAC, die französische Kette für CDs, Videospiele, Mobiltelefone und Computerzubehör.
Rue St-Cathérine: Die längste Shoppingmeile von Bordeaux mit Boutiqueketten und Kaufhäusern ist offiziell Fußgängerzone, daran halten sich die Pkw-Fahrer aber meistens nicht. Die **Rue de la Boëtie** lockt dagegen mit antikem Schmuck und Galerien, während in der **Rue Notre-Dame** im Chartrons-Viertel ein breites Angebot von Möbeln, Puppen bis zu Kunstobjekten aller Art zu finden ist.
Cadiot-Badie: 26, allées de Tourny.
Pralinés aus Schokolade in Austernform oder Rumschokolade mit Kastanienfüllung sind einige der hausgemachten Spezialitäten des bekanntesten Chocolatiers der Stadt. Legendär ist die originale Einrichtung aus dem 19. Jh.
Märkte: Lebensmittel- und Trödelmarkt auf der **Place Église St-Michel** – der Multikulti-Treff der Stadt (tgl. bis 13 Uhr). Hinterher kehren Marktleute und Anwohner auf einen Klönschnack bei Tapas und Wein in die umliegenden Bars ein. Jeden So ist vormittags Blumenmarkt auf der **Place de Quinconces.**

Immer gut besucht sind die Bars **Calle Ocho** und **Bodega Bodega** an der Ecke zwischen Place du Parlement, Rue St-Remie und Rue Piliers-de-Tutelles. Am Ende der Rue St-Cathérine, Richtung Place de la Victoire, treffen sich Teenies und Studenten im **Café des Arts,** im **El Bodegon** oder im **Rock Café.**

Les Bains Bleus: 14, rue du Commerce, Di–So ab 24 Uhr.
Edeldisco auf zwei Etagen mit Bars, Publikum um die Dreißig.
Le Zoo: 48, quai de Paludate, Di–Sa ab 23 Uhr.
In der neuen Nightlife-Gegend, etwas abseits vom Zentrum, liegt die Lieblingsdisco der Pistengänger um die Zwanzig.

Aéroport Mérignac: Tel. 05 56 34 84 84
Ca. 30 Min. vom Stadtzentrum entfernt. Eine Fahrt mit dem Taxi zum Grand Théâtre kostet ca. 150 FF. Schneller und billiger geht's mit La Navette, einem Bus. Er verkehrt zwischen Flughafen, City und Bahnhof St-Jean Mo–Sa alle 30 Min., So alle 45 Min. Einfache Fahrt ca. 35 FF.
Gare St-Jean: Tel. 05 56 91 42 42 oder 05 56 92 50 50.
TGV- und Regionalverbindungen.
Busbahnhof: Bei der Gare St-Jean, Tel. 05 56 43 68 43.
Linien- und Regionalbusse ins Umland und zu den Badeorten, Auskunft vor Ort und telefonisch.
Autovermietungen: Alle großen Firmen sind auf der Ankunftsebene des Flughafens und des Bahnhofs vertreten.
Parken: Im Zentrum ist das Parken zwischen 9 Uhr und 19 Uhr fast überall gebührenpflichtig. Städtische Parkplätze sind gut ausgeschildert.

Capbreton

Lage: B 11
Einwohner: 3500
(siehe auch Hossegor, S. 64)

Nur der Canal du Boucarot trennt die Surfmetropolen Capbreton und

Orte von A bis Z **Capbreton**

Wo soll's denn hingehen? Um zum Surfstrand zu kommen, ist jedes Gefährt recht.

Hossegor. Wie Hossegor lebt auch Capbreton vom Tourismus, was man dem Ort leider ansieht. Bis auf ein paar vereinzelte alte Häuser im Stadtkern ist das Sehenswerteste der Jacht- und Fischerhafen. Zum Sonnen und Baden lädt die Küste mit ihren endlos feinen Sandstränden ein.

Strände: Baden kann hier nicht ungefährlich werden, darum besser an den bewachten Stränden ins Wasser gehen. Lieblingstreff der Surfer ist der nördliche Strandabschnitt Richtung Seignosse.

Richtung **Labenne (B 12),** einem winzigen Ort mit efeubewachsener Dorfkirche und geraniengeschmückter Rathausfassade, liegen mehrere Campingplätze. Entlang der Strecke gibt es einige Winzer, die Vin de Sable (›Sandwein‹) zum Kauf anbieten.
Ondres und Tarnos (B 12): kleine Badeorte mit unbewachten Stränden südlich von Capbreton, in denen es im Juli und August weniger überlaufen ist.

OTSI: Avenue Georges Pompidou, Tel. 05 58 72 12 11

Atlantic: 75, av. de Lattre-de-Tassigny, Tel. 05 58 72 11 14 günstig/moderat. Gute Mittelklasse. Alle 26 Zimmer mit Dusche und WC.

La Pointe: Entlang der D 652, Richtung Labenne, Tel. 05 58 72 14 98.
Ein schattiges Plätzchen unter Kiefern. Ideal für alle, die mit dem Wohnmobil unterwegs sind. Eigenes Schwimmbad vorhanden.

Casa Sepia: La Pecheriell, Tel. 05 58 72 00 06.
Gegenüber der Restaurantmeile Richtung Jachthafen liegt das Grill-Restaurant mit lockerer Atmosphäre. Im Garten stehen rustikale Holzbänke, an denen gut eine größere Gruppe Platz findet.

Carcans/Maubuisson

Orte von A bis Z

Serviert werden auch außerhalb der gängigen Essenszeiten Huhn auf baskische Art, gegrillter Fisch und verschiedene Fleischgerichte. Als Snack gibt es phantasievolle Tapas, serviert in einfachen braunen Tonschälchen. Niedrige Preise und sehr nette Bedienung.
Le Pave du Port: Pecheriell,
Tel. 05 58 72 29 28.
Die besondere Adresse zum fairen Preis, direkt neben Casa Sepia. Die französisch-regionale Küche mit dem gewissen Etwas hat sich mittlerweile herumgesprochen, darum schon am Vortag einen Tisch reservieren.

Rip-Curl-Surfmeisterschaften: Zweite Augusthälfte.

Carcans/Maubuisson

Lage: C 7
Einwohner: 1200

Ein ruhiger und sogar im August selten überlaufener Ort, rund 5 km vom Meer entfernt. Feriensiedlungen und Appartement-Hotels prägen das Bild des 1980 auf dem Reisbrett entstandenen Badeorts. Bei Maubuisson lockt das Sport- und Freizeitzentrum Bombannes mit Campingplatz am Lac d'Hourtin-Carcans, und der kilometerlange Strand von Carcans-Plage ist sehr schön.

Maison des Arts et Traditions Populaires: Im Freizeitzentrum Bombannes,
Tel. 05 56 03 36 65, im Sommer tgl. 14.30–18 Uhr.
Ein Minimuseum, das über Volkskunst und Vergangenheit der Gegend um Carcans informiert. Da es sonst keine Sehenswürdigkeiten gibt, kann man hier vielleicht 'mal reinschauen.

Carcans-Plage: Mit Dünen, Kiefern und weißem feinen Sandstrand ein typischer Badeort an der Silberküste, nur daß man hier sogar in der Hauptsaison noch genügend Platz hat, um eine Sandburg zu bauen. Der Strand ist bewacht.

Base de Bombannes:
Am See bei Maubuisson,
Tel. 05 56 03 31 01.
(Fast) alles, was das Sportlerherz begehrt, wird angeboten: Tennis, Reiten, Schwimmen etc.

OTSI: Maubuisson, Maison de la Station,
Tel. 05 56 03 34 94,
Fax 05 56 03 43 76.

Viel Auswahl gibt es in Carcans-Plage nicht, denn die meisten Unterkünfte sind Appartement-Hotels.
L'Océan: 1, av. de la Plage,
Tel. 05 56 03 31 13,
Fax 05 56 38 12 04, moderat.
Klein und einfach. Die Doppelzimmer haben fast alle ein viel zu weiches *grand lit*.

Bombannes Camping: Domaine Dép. de Sports et Loisirs, Tel. 05 56 03 84 84,
Fax 05 56 03 84 82, ganzjährig geöffnet.
Der Platz im Sport- und Freizeitzentrum bei Maubuisson. Wem es hier zu unruhig zugeht, der findet weitere Plätze in der Umgebung und in Richtung Carcans-Plage.

Ein **Linienbus** verkehrt im Sommer mehrmals täglich

Orte von A bis Z

Châtelaillon-Plage

zwischen Carcans-Plage und dem Bahnhof St-Jean in Bordeaux, Auskunft: Tel. 05 56 59 57 05.

Châtelaillon-Plage

Lage: C 4
Einwohner: ca. 20 000

Ein Seebad, wie aus dem Bilderbuch. Mit farbenfrohen, verspielten Sommervillen, einer regen Strandpromenade und einem wunderschönen feinen Sandstrand. Daß der Strand kurzlich erst für 7,2 Mio. Francs verbreitert und erhöht wurde, indem man Tausende Kubikmeter Sand von der Île d'Oléron hierher transferierte, merkt ja keiner.

Der Strand wird zwischen Mitte Juni und Mitte September von den Jungs der örtlichen Feuerwehr bewacht.

Im Sommer finden am Strand diverse Sportveranstaltungen für jedermann statt.
Top Cycle: 69, bd. de la Mer, Tel. 05 46 56 21 81. Zweiradvermietung.

OTSI: Av. de Strasbourg, Tel. 05 46 56 26 97, Fax 05 46 56 09 49; im Sommer zusätzlich in einem grün-weißen Holzhäuschen am Strand.

Jeanne d'Arc: 12, rue Musset, Tel. 05 46 56 20 01, kein Fax, günstig.
Von außen sieht das Haus wie die Villa Kunterbunt von Pippi Langstrumpf aus. Einige Zimmer liegen im angeschlossenen Neubautrakt. Eine zentrale Adresse zum guten Preis. Das Restaurant ist besser, als es zuerst scheint. Tip: Jakobsmuscheln in Sauce Thermidor.
Victoria: 13, av. du Genéral Leclerc, Tel. 05 46 30 01 10, Fax 05 46 56 10 09, moderat.

Des einen Thrill, des Schwimmers Schrecken: Jet-Ski-Fahren gehört zu den neuen Errungenschaften des Wassersports

Ciboure

Orte von A bis Z

Im Pyrenäen-Vorland laden pittoreske Märkte zum Bummeln ein

Das pastellfarbene Strandhotel bietet recht komfortable Zimmer und eine eigene Garage, was bei der katastrophalen Parkplatzsituation im Hochsommer ein wahrer Luxus ist.

La Sirène: 2, rue d'Oléron, Tel. 05 46 56 21 83. Gemütliches Restaurant im Zentrum. Spezialität des Hauses sind gegrillte Gambas royales. Menüs gibt's für 70–150 FF.

Brocante de St-Germain: Der Flohmarkt Anfang Juni, auf dem jeder Einwohner seinen Trödel verkauft, ist das Lieblingsfest der Châtelailloner und sehenswert obendrein.

Gare SNCF: Rue Paul Doumer, Tel. 05 46 56 24 75.

Ciboure

Lage: B 12
Einwohner: 14 000
(mit St-Jean-de-Luz)

Ciboure und St-Jean-de-Luz sind fast zusammengewachsen. Das einzige, was beide Städte trennt, ist die Mündung des Pyrenäenflusses Nivelle. Im Haus Nummer 12, quai Maurice Ravel, direkt am Hafen, wurde 1875 Maurice Ravel geboren. Der ›Bolero‹ wurde sein Meisterwerk. Daneben liegen einige interessante alte Reederhäuser. Die meisten Sehenswürdigkeiten befinden sich auf der anderen Seite des Flusses, in St-Jean-de-Luz.

Villa Leïhorra: Direkt an der Bucht Ciboure/St-Jean-de-Luz, Jan.–März Di, Sa, So 14–17 Uhr, April–Okt. Di, Do, Sa, So 15–18.30 Uhr, Nov.–Dez. Sa, So 14–16.30, Eintritt 25 FF.
Die Privatvilla im Art déco-Stil erbaute 1929 der baskische Architekt Hiriart für seine Familie. Das Gebäude samt Gärten wurde 1995 vom Institut de France zum Monument historique erklärt.
Fort de Socoa: Am alten Hafen. Die Festung aus der Zeit Heinrichs IV. diente der Verteidigung des Hafens und ist heute ein idealer Aussichtspunkt.

Segeln & Tauchen: Die wichtigsten Schulen liegen kurz vor dem Fort de Socoa:
Hobie Loc: Tel. 05 80 87 87 13.
Tech Océan: Tel. 05 59 47 96 75 Tauchen.

Orte von A bis Z **Dax**

 OTSI: Place du Maréchal-Foch, St-Jean-de-Luz,
Tel. 05 59 26 03 16.

 Camping Juantcho: Direkt hinter der Ortsausfahrt, an der D 912, April–Okt.
Kleiner drei-Sterne Platz. Hier gibt es sogar Bügelbretter.

Pantxua: Rue du Commandant-Passicot/Ciboure-Socoa, Tel. 05 59 47 13 73, Di geschl.
Einladendes Restaurant am Hafen mit maritimer Küche. Roher Thunfisch mit Schalotten-Confit, Seehecht in grüner Sauce. Dazu gibt es Weine aus Spanien und dem Baskenland. Menüs ab 110 FF.

Schlemmer- und Kunsthandwerkermarkt: Am Fronton, Mitte Juli.

Dax

Lage: C 11
Einwohner: 20 000

Die frühere Hauptstadt der Landes steht für sprudelnde Quellen und spanische Corrida. Die 65° C heißen Thermalquellen linderten schon die rheumatischen Beschwerden der römischen Einwohner in Aquae Tarbellicae. Heute zieht es in erster Linie die Troisièmes-âges, wie in Frankreich die Rentner höflich genannt werden, zum zweitgrößten Kurort Frankreichs. Einmal im Jahr zeigt sich die Stadt von ihrer temperamentvollen Seite: Die Feria de Dax ist das festliche Ereignis des Jahres.

 Fontaine chaude: Place de la Fontaine-Chaude.
Täglich sprudeln 2400 Kubikmeter Wasser aus der Fontaine chaude am arkadengesäumten Hauptplatz. Das Wasser ist etwa 65° C heiß, wenn es an die Oberfläche dringt. Hier kann sich bedienen, wer mag – und sei es auch nur, um heißes Wasser zum Eierkochen zu holen.
Kathedrale Ste-Marie: Place Roger Duclos.
Die Kirche des 17. Jh. beherbergt im Innern als wertvollstes Zeugnis seines mittelalterlichen Vorgängerbaus die reich skulptierte Apostelpforte *(portail des apôtres)*.
Musée Borda: 27, rue Cazade, Mo, Mi–Sa 14.30–18.30 Uhr, Tel. 05 58 74 12 91.
Hinter einem schmiedeeisernen Tor verbirgt sich das regionalgeschichtliche Museum in einem Stadtpalais des 17. Jh. Ein Teil der Sammlung ist der Geschichte der Course landaise gewidmet.

 Buglose (C 11): In dem kleinen Ort nördlich von Dax werden die Kühe für die Course landaise gezüchtet. In der Arena kann man u. a. den *écarteurs* beim Training zusehen. Information bei der Touristeninformation in Dax.

OTSI: Place Thiers, Tel. 05 58 90 20 00.

Jean le Bon: 12, rue Jean Le Bon, Tel. 05 58 74 29 14, Fax 05 58 90 03 04, günstig.
Einfaches Familienhotel mit sehr gutem Restaurant im eigenen Haus.
Splendid: Cours de Verdun, Tel. 05 58 56 70 70, Fax 05 58 74 76 33, teuer.
In einem Stadtpalast am Adour, der Innen wie außen den bröckelnden Charme der Belle Époque versprüht. Eine Adresse mit Flair.

Fouras

Orte von A bis Z

 Bois de Boulogne: Allées des Baignots,
Tel. 05 58 74 23 32, Di und Mi geschl., Juli/Aug. tgl.
Nahe des Adour liegt das gemütliche Restaurant. Serviert werden typische Gerichte der Landes zum kleinen Preis. Menüs ab 85 FF.

Maison Cazelle: 6, rue de la Fontaine-Chaude.
Madeleine heißt die süße Spezialität aus Dax. Und genau wie ihre spanische Schwester genießt man sie morgens oder abends zum Café au lait. Im Laden von Philippe Cazelle werden sie seit 1906 nach Originalrezept hergestellt.
Markt: Der schönste Markt für regionale Produkte, wie Foie gras und Confit, findet jeden Sa vor der Kathedrale statt.

 Feria de Dax: Mehrtägiges Fest mit traditionellem Stierkampf und den Courses landaises. Zur Eröffnung defilieren die Schäfer der Landes auf Stelzen durch die festlich geschmückten Straßen. Mitte August.

Busverbindungen von und nach Mont-de-Marsan, Mimizan und Vieux-Boucau ab Place St-Pierre. Tel. 05 58 05 66 00.

Fouras

Lage: C 4
Einwohner: 3500

Die Halbinsel Fouras wird als Ferienort besonders von den Franzosen geschätzt. Mehrere feine Sandstrände laden zum Sonnenbaden ein. An der Nordspitze liegt die Pointe de la Fumée, wo die Fähren zur vorgelagerten Île d'Aix (Extra-Tour 1) ablegen. Von hier aus ist auch das Verteidigungsbollwerk Fort Enet zu erreichen. Vom Donjon der Vauban-Festung in Fouras-Nord bietet sich ein schöner Blick auf La Rochelle und die Küste.

Ein kleiner Touristenzug fährt im Sommer von der Pointe de la Fumée durch den langgestreckten Ort zu den Stränden und

Hu, das tut weh: Mißgeschick bei der Feria von Dax

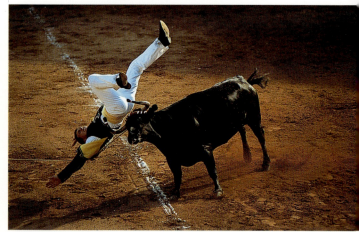

Orte von A bis Z **Guéthary**

zurück (im Sommer tgl. ab 10 Uhr alle 30 Min., 25 FF).

Bei der Pointe de la Fumée kann man sehr gut Crevetten und ›wilde‹ Austern sammeln.

OTSI: Fort Vauban, Tel. 05 46 84 60 69, Fax 05 46 84 28 04.

Grand Hôtel des Bains: 15, rue du Général-Brüncher, Tel. 05 46 84 03 44, Fax 05 46 84 58 26, günstig/moderat. Zwei-Sterne-Haus am Strandboulevard.

Du Cadoret: Bd. de Chaterny, Tel. 05 46 82 19 19, Fax 05 46 84 51 59.
Ein großer, gut ausgestatteter Platz im Norden der Halbinsel mit schönem Pool.

Fête de l'Huître: Anfang August feiert ganz Fouras das traditionelle Austernfest.

Busverbindungen nach Rochefort und La Rochelle. Tel. 05 46 41 43 33.

Guéthary

Lage: B 12
Einwohner: ca. 300

Im Winter ein verschlafenes Nest, aber im Sommer, wenn die Surfer kommen, wandelt sich der Ort an der Corniche Basque zum Fetenplatz ohne Sperrstunde.

Villa Saraleguinea: Park Saraleguinea, Mai–Sept., tgl. außer Di 15–19 Uhr, Tel. 05 59 54 86 37.

Eine der Sommervillen im baskischen Stil, die besichtigt werden kann und gleichzeitig als Museum zeitgenössischer Kunst dient. Weitere Villen liegen versteckt am Felsen hinter dem Bahnhof.

Plage Parlamentia: Der Nordstrand ist das Surfparadies, hier rollt die ›Monsterwelle‹ an. Mit ihrer Höhe bis zu 6 m ist sie die höchste Frankreichs.

Surfvermietung: In der Gare SNCF, Rue du Comte-de-Swiecinski, ganzjährig geöffnet, wenn die Züge fahren.

OTSI: Rue du Comte-de-Swiecinski, im Bahnhof, ganzjährig geöffnet, wenn die Züge fahren, Tel. 05 59 26 56 60.

Le Madrid: Rue du Comte-de-Swiecinski (beim Bahnhof), Tel. 05 59 26 52 12, günstig. Die Nähe zu Spanien ist unverkennbar, die Wände an der Treppe sind mit Plakaten vom Stierkampf und Fotos bekannter Matadore geschmückt. Die obligate Bar steht gleich am Eingang. Ansonsten nur wenige Zimmer mit knarrenden Holzfußböden, roséfarbenen Wänden und bordeauxfarbenen Blumenvorhängen. Fast alle Zimmer ohne Bad. Nur Zimmer Nr. 1 hat eine Sitzbadewanne und gleich mehrere kleine Fenster mit tollem Ausblick auf die Pyrenäen und das Meer. In Juli und August werden Zimmer nur mit Halbpension für 260 FF pro Person vermietet.

Etche-Terra: Surftreff am Strand hinter dem Minihafen mit cooler Musik und schmackhaften Snacks.

Hendaye

Orte von A bis Z

Hendaye

Lage: B 12
Einwohner: 12 000

Ende des 19. Jh. begann der Badetourismus am langen Sandstrand von Hendaye. Heute ist die letzte Stadt vor der spanischen Grenze geteilt. Auf der einen Seite der Chingoudy-Bucht liegt das Touristenmekka Hendaye-Plage mit Casino, Appartement-Häusern, Hotelkomplexen und Strandboulevard. Vom Glanz der Jahrhundertwende ist nur wenig geblieben. Alles wirkt hier künstlich und ein wenig steril. Die gewachsene Stadt Hendaye-Ville stößt fast an die spanische Grenze. Hier starb der Schriftsteller Pierre Loti und hier wurde Bixente Lizarazu geboren, der 1998 mit der Équipe Bleu Fußballweltmeister wurde. Mitten im Grenzfluß Bidassoa liegt der dritte Teil der Stadt, die kleine Insel Île aux Faisans. Sie wird auch Konferenzinsel genannt, da hier verschiedene Male französische und spanische Könige zu Verhandlungen zusammenkamen. Der Bahnhof in Hendaye-Gare kennt ebenfalls ein historisches Zusammentreffen. 1940 trafen sich Hitler und Franco zu einer Unterredung, bei der es um den Eintritt Spaniens in den Zweiten Weltkrieg ging. Franco lehnte ab, und Spaniens Diktatur wurde erst 1975 von König Juan Carlos beendet.

Hendaye schrieb mehrfach Geschichte, aber viele Sehenswürdigkeiten gibt es nicht. In Hendaye-Ville lohnt ein Blick in die **Kirche St-Vincent,** die trotz mehrfacher Zerstörung einige wertvolle Innendekorationen bewahren konnte. Vom Platz des **Vieux-Fort,** einer Vauban-Festung, überblickt man die Bucht und die Stadt Fontarrabia. Das Haus **Bakhar Etchea,** das Pierre Loti, dem verstorbenen Autor der ›Islandfischer‹ und ›Ramuntcho‹ gehörte, liegt an der Rue des Pêcheurs am Bidassoa-Fluß.

Hendaye-Plage: Hier ist Baden ausnahmsweise einmal nicht gefährlich. Das Wasser wird erst verhältnismäßig langsam tief – und darum ist Hendaye ein idealer Badeplatz für Kinder.

Hendaye ist bekannt für das große Angebot an Sportmöglichkeiten. Alle wichtigen Clubs und Schulen liegen im Prinzip am Jachthafen der Chingoudy-Bucht.
Wassersport: Centre Nautique d'Hendaye, Tel. 05 59 47 84 53.
Wandern: Idealer Ausgangspunkt für Wanderungen im Pyrenäenvorland ist Biriatou. Von diesem malerisch gelegenen Grenzstädtchen zweigen teilweise ausgeschilderte Wanderwege ab, u. a. GR 10 zum 479 m hohen Choldocogaina. Oben angekommen, läßt der traumhafte Panoramablick alle Mühen der gut 90minütigen Kraxeltour vergessen.

Château Antoine d'Abbadie (B 12): An der Route de la Corniche (D 912), Innenbesichtigung April–Okt.
nur nach Voranmeldung,
Tel. 05 59 20 04 51.
Auch ohne Innenbesichtigung lohnt ein Stopp am Märchenschloß aus dem 19. Jh. Der baskisch-irische Lebemann Antoine d'Abbadie d'Arrast ließ es sich von Viollet-le-Duc erbauen. Die steinerne Fassade könnte einem Disney-Film entnommen sein. Eine Schlange windet sich am Fenstersturz entlang, eine Schnecke

Orte von A bis Z **Hendaye**

kriecht am Burgturm hoch, und das Eingangsportal wird von grimmigen Krokodilen bewacht. Auch das Anwesen mit dem Ausblick auf der Rückseite des Château über die Bucht von Hendaye sind grandios.

OTSI: 12, rue des Aubépines,
Tel. 05 59 20 00 34

 Valencia: Bd. de la Mer,
Tel. 05 59 20 01 62,
Fax 05 59 20 17 92, moderat.
Das Hotel liegt gleich an der Einfahrt nach Hendaye-Plage kurz vor dem Casino. Es hat kein eigenes Restaurant, aber eine nette Bar mit Terrasse. Zimmer Nr. 3 hat den schönsten Ausblick.
Bellevue: 36, bd. Leclerc,
Tel. 05 59 20 00 26,
Fax 05 59 48 15 73, moderat.
Schöner Blick, der Name trifft für die Zimmer der oberen Etage zu. In dem baskischen Haus an der Chingoudy-Bucht geht es familiär zu. Mit eigenem Restaurant.
Bakea: In Biriatou,
Tel. 05 59 20 76 36, Fax
05 59 20 58 21, moderat/teuer.
In der Nähe der Kirche und dem Fronton von Biriatou, 4 km von Hendaye entfernt, liegt das himmlisch ruhige Hotel. Die Zimmer haben zwar nichts außergewöhnliches, aber das Restaurant und vor allem die schattige Panoramaterrasse sind Grund genug, hier einmal zu übernachten.

 Um Hendaye liegen etwa zehn Campingplätze auf französischer Seite.
La Chêneraie: Chemin de Cazenave, Tel. 05 55 01 31, geöffnet Ostern–30. Sept.
Sehr ruhig gelegen, außerhalb der Hauptsaison sogar richtig idyllisch.

Zum Schlemmen nach Spanien

Anhänger der Haute Cuisine suchen in Hendaye vergeblich nach einem Ort exquisiter Gaumenfreuden. Auf spanischer Seite hingegen haben sie schon nach wenigen Kilometern die Qual der Wahl. In Hondarribia liegt das Restaurant Ramon Roteta, in Irún das Jaizubia und Oiarzun garantiert Gaumenfreuden im Zuberoa. Aber alles übertrifft der Relais et Châteaux-Tempel von Juan Maria Arzak in San Sebastian (Arzak, 21, Alto de Miracruz, Tel. 0034/943 27 84 65). Wer hierher fährt, sollte ein paar Tage Zeit mitbringen, denn das mondäne Seebad ist allein schon ein Reise wert.

Chez Antoinette: Place Pellot, Tel. 05 59 20 08 47.
Allein die Lammspezialität Pantxeta d'Agneau lohnt den Besuch. Menü ab 130 FF.

Nachtschwärmer zieht es auf die andere Seite des Bidassoa nach Fontarrabie (Hondarrabia). Ab 22 Uhr zieht man durch die Altstadtgassen und die Rue San Pedro von Bar zu Bar. Französische Francs werden überall ohne Probleme akzeptiert.

Hossegor

Orte von A bis Z

Im Juli und August finden in Hendaye fast ununterbrochen Veranstaltungen statt. Die beliebtesten sind die **Fête de Mer** und die **Fête Basque** mit Stierkampf und Musikgruppen, den Bandas.

Hossegor

Lage: B 11
Einwohner: 4000

In Hossegor treffen sich Surfer und Familien, wegen der außergewöhnlich starken Brandung und wegen der günstigen Lage zwischen Capbreton, der feinsandigen Küste und dem Salzwassersee Lac marin d'Hossegor, um den herum die meisten Campingplätze liegen. Bis in die 30er Jahre hinein war das Seebad ein bevorzugter Treffpunkt von Künstlern und Literaten. Heute erinnern noch einige Sommervillen im Stadtkern an die Zeit der *Années folles*.

M. Lannemajou: Av. du Touring-Club,
Tel. 05 58 43 54 45.
Vermietung von Fahrrädern und Rollern.
Golf de Seignosse: In Seignosse, av. de Belvédère,
Tel. 05 58 48 54 65.
Renommierter 18-Loch-Platz. Er gilt als wunderschön, aber auch als sehr schwierig.

 OTSI: Place Louis Pasteur,
Tel. 05 58 43 72 35.

 Les Hélianthes: Avenue de la Côte d'Argent,
Tel. 05 58 43 52 19,
Fax 05 58 43 95 19, moderat.
Ein Familienhotel, in dem man sich wie zu Hause fühlt. Ruhig, aber doch zentral zwischen Meer, See und Stadtkern gelegen. Bei schönem Wetter wird das Frühstück auch auf der Terrasse serviert.
Huîtrières du Lac: Av. du Touring-Club, Tel. 05 58 43 51 48, moderat.
Eine gute Adresse zum Schlafen und Essen. Der Besitzer ist Austernzüchter und bietet in seinem Restaurant Meeresfrüchte und empfehlenswerte Fischgerichte zum fairen Preis. Einige Zimmer haben Seeblick, sind aber sonst ohne Pepp.

 La Crêpe Bretonne:
54, av. Paul Lahary,
Tel. 05 58 43 88 15.
Meeresfrüchte- und Fischrestaurants gibt es wie Sand am Meer. Da bringt die typisch bretonische Crêperie mit süßen Crêpes, herzhaft gefüllten Galettes und prickelndem Cidre doch Abwechslung in den Speiseplan.

 Rip-Curl-Surfmeisterschaften: Zweite Augusthälfte.

Hourtin

Lage: C 7
Einwohner: ca. 1200

Ein netter Urlaubsplatz an der Côte d'Argent, der vor allem als Kinderparadies Furore macht. Mehrere Einrichtungen haben sich ganz dem Vergnügen der Kleinen gewidmet. Der Lac d'Hourtin-Carcans – der größte See Frankreichs –, der Jachthafen und die Strände gefallen aber auch den Großen.

 Für Kinder ist das Baden im See weniger gefahrvoll als

Orte von A bis Z **Lacanau**

im Meer bei Hourtin-Plage. Allerdings reizt hier besonders der feine Sandstrand der Silberküste.

Île aux Enfants: Hourtin-Port, ganzjährig geöffnet.
Die Kinderinsel ist eine Spielstadt aus Holz mit einem richtigen Fort und diversen Spielhäusern. Zutritt für Kinder bis 13 Jahre.
UCPA: In Hourtin-Port,
Tel. 05 56 09 20 69.
Sportkurse aller Art, inklusive Tauchen und Segeln, teilweise speziell für Kinder.

OTSI: Place du Port,
Tel. 05 56 09 19 00,
Fax 05 09 22 33.

Le Dauphin: 17, place de l'Église, Tel. 05 56 09 11 15, Fax 05 56 09 24 37, 25. Sept.–19. Okt. geschlossen, günstig.
Von den Feriensiedlungen abgesehen, ist es das einzige Hotel in Hourtin. Es hat einen kleinen Pool und ist nicht teuer.

Airotel Côte d'Argent:
Hourtin-Plage,
Tel. 05 56 09 10 25,
Fax 05 56 09 24 96.
Einen Katzensprung vom Strand entfernt. Der beliebteste Campingplatz bei Hourtin.

Busverbindungen im Sommer nach Bordeaux. Auskunft unter Tel. 05 56 05 06 33.

Lacanau

Lage: C 7
Einwohner: 2000

Nicht der Ort selbst, sondern die Strände von Lacanau-Océan sowie der große Süßwassersee Étang de Lacanau bilden den Hauptanziehungspunkt für die Schwärme deutscher und französischer Sommerurlauber. Dazwischen liegen geschützt von duftenden Pinien die Feriendomizile der Bordelaiser,

Unterwegs mit kleinem Handgepäck: in Lacanau ganz normal

Lacanau

Orte von A bis Z

die Lacanau zu ihrem Hausstrand erwählt haben. Extrem voll wird es um den 15. August, wenn in Lacanau-Océan die Surfweltmeisterschaften ausgetragen werden.

Feinste **Sandstrände** mit hohen Dünen und eine traumhafte Brandung machen Lacanau-Océan bei Surfern und routinierten Schwimmern (am besten mit Flossen) zum beliebtesten der Seebäder des Médoc. Die Strände werden im Sommer bewacht. Kinder baden sicherer im Étang de Lacanau. Mehr Ruhe findet man an den südlichen Stränden von Porge-Océan und Crohot-Océan.

Surf-City: Bd. de la Plage, Tel. 05 56 26 33 92.
Surfbrettverleih. Surfen kann man auch auf dem 2000 ha großen Étang de Lacanau.
Locacycle: Av. de l'Europe, Tel. 05 56 26 30 99.
Fahrradverleih.
Golf du Domaine de l'Ardilouse: Tel. 05 56 03 25 60.
Golfplatz und -kurse.

OTSI: Lacanau-Océan, Place de l'Europe,
Tel. 05 56 03 21 01,
Fax 05 56 03 11 89.

L'Oyat: Allées Ortal (am Meer), Tel. 05 56 03 11 11, Fax 05 56 03 12 29, im Juli/Aug. nur Halbpension, moderat/teuer. Das einzige Hotel direkt am Meer ist vor allem durch sein sehr gutes Restaurant bekannt. Die Zimmer sind klein, aber nett eingerichtet.
Hôtel du Golf: Domaine de l'Ardilouse, Tel. 05 56 03 92 92, Fax 05 56 26 30 57, moderat/teuer.
Direkt am Golfplatz, ca. 1,5 km vom Strand entfernt, liegt das neu erbaute Hotel inmitten der Pinienwälder.

Es gibt sieben Campingplätze um Lacanau, teils nahe dem See, teils nahe dem Meer. Im Sommer läuft nichts ohne frühzeitige Reservierung.
Airotel de l'Océan: Rue du Repos, Tel. 05 56 03 24 45,
Fax 05 57 70 01 87, 25. April–27. Sept.
Der Luxusplatz schlechthin mit allem Komfort.
Les Grands Pins: Lacanau de Mios, Tel. 05 56 03 20 77,
Fax 05 57 70 03 89, 1. Mai–15. Sept.
Gleichermaßen beliebt bei Jugendlichen und Familien. Direkt am See.

Die Restaurant- und Flaniermeile ist die Allée Ortal. Besonders beliebt sind die Lokale **La Braconne, Chez André** (für Fisch) und **Neptune.** Ein besonderer Tip ist das Restaurant des Hotels **L'Oyat** (siehe oben). Menüs gibt es hier ab etwa 100 FF.

Die **Markthalle** an der Allée Ortal hat tgl. vormittags geöffnet.

Busverbindungen im Sommer nach Bordeaux. Auskunft: Tel. 05 56 05 06 33.

Les Landes

Lage: D 9/10
Extra-Tour: 3, S. 88

Les Landes ist der Sammelbegriff für den größten Nutzwald Europas, der 1970 zum Parc Naturel Régional des Landes de Gascogne wurde. Er umfaßt 35 Gemeinden

Orte von A bis Z **Les Landes**

mit einer Fläche von 262 000 ha und reicht vom Bassin d'Arcachon bis kurz vor die Stadt Mont-de-Marsan. Bis 1857 war die gesamte Fläche ein riesiges Sumpfgebiet, teilweise von Heide bedeckt, auf dem sich die Wanderdünen der Küste ohne Hindernis ins Landesinnere vorschieben konnten. Napoleon III. ordnete schließlich an, das Gelände mit Kiefern zu bepflanzen. Daraufhin entstand der endlose Pinienwald, der Grundlage einer wirtschaftlichen Nutzung zur Harzgewinnung, Papierherstellung und Holzverarbeitung wurde.

Écomusée de la Grande Lande: Drei Gemeinden bilden das Freilichtmuseum der Grande Lande, das ein Bild der vergangenen Arbeits- und Lebensumstände der Bewohner aufzeigt. Das Atelier in Luxey informiert über die Harzgewinnung, die Kirche Notre-Dame in Moustey, einst Station der Jakobspilger, ist heute Museum für Religion und Volksglaube, und das Bauerndorf Marquèze bei Sabres zeichnet den früheren Arbeitstag nach.

Écomusée de Marquèze: Das Museumsdorf ist nicht mit dem Auto zu erreichen. Von Sabres fährt ein historischer Zug, auf dem einst Holz befördert wurde, nach Marquèze (Juni–Sept. tgl. 10.10–17.20 Uhr alle 40 Min., April, Mai, Okt., Nov. So zur gleichen Zeit, Mo–Fr 14–16.40, Sa 14–17.20 Uhr). Am Bahnhof und in den jeweiligen Museumsorten kann man die erheblich günstigere Sammeleintrittskarte für alle Sehenswürdigkeiten inklusive Zugticket für rund 65 FF kaufen.

Parc Naturel Régional des Landes de Gascogne: Belin-Beliet, 22, av. d'Aliénor, Tel.

Touren durch die Landes

Wer Zeit mitbringt, kann die Landes-Region per Fahrrad oder zu Pferd kennenlernen. Gut ausgeschilderte Strecken sorgen dafür, daß man nicht die Orientierung verliert. Besonders malerisch ist eine Kanu- oder Kajak-Tour auf dem Fluß Leyre, der sich mit seinen Nebenflüssen wie ein Band durch die Landschaft zieht. An seiner Mündung im Bassin d'Arcachon liegt der beeindruckende Vogelpark Le Teich. Auskünfte erteilen die Touristenbüros.

05 58 88 06 06 und 05 58 07 52 70 und Mont-de-Marsan, 13, place Jean-Jaurès, Tel. 05 58 06 24 25.
Écomusée: Sabres, Tel. 05 58 07 52 70.

 Unterkünfte gibt es natürlich in jeder Ortschaft. Darum hier nur ein paar Anregungen:
Le Grandgousier: In Le Muret, Tel. 05 58 09 62 17, Fax 05 58 09 60 29, günstig.
Die großen, pastellfarbenen Zimmer sind zwar spartanisch eingerichtet, haben aber ein geräumiges Bad mit gut funktionierender Dusche. Besonders stolz ist der junge Wirt auf seinen großen Pool vor dem Haus, den er mit Begeisterung zeigt. Mit Restaurant.

Marennes

Orte von A bis Z

Auberge des Pins: In Sabres, Tel. 05 58 07 50 47, Fax 05 58 07 56 74, moderat/teuer. Die Herberge in den Pinien entpuppt sich als traditionelles Landaiser Fachwerkhaus. Doch wird auch hier mehr Wert auf gute Küche als auf gute Zimmerausstattung gelegt.

L'Arriu: In Pissos, route de Sore, Tel. 05 58 04 41 40, 05 58 08 92 93, 1. Juli–15. Sept. Im Herzen der Landes etwas abseits der Landstraße gelegen. Das öffentliche Freibad ist nur wenige Meter entfernt.

Le Haut Landais: In Moustey, Zentrum, Tel. 05 58 07 77 85, Mo geschl. Gouda und Roquefort – warum nicht? Immerhin ist der Wirt Holländer und vereint niederländische und südwestfranzösische Spezialitäten. Menüs ab 100 FF.

Le Grandgousier: Le Muret, Tel. 05 58 09 62 17, Fax 05 58 09 60 29. Restaurant des gleichnamigen Hotels. Während der Wirt tagsüber an der Bar Getränke ausschenkt, bereitet er abends die schmackhafteste Sumpfente weit und breit zu. Das Hotel-Restaurant, das nach einem Schlemmerhelden von Rabelais benannt ist, macht seinem Namen alle Ehre.

Marennes

Lage: C 5
Einwohner: 5000

Hierher fährt man weder zum Baden noch zum Sightseeing, sondern zum Austernschlürfen. In den Austernbänken vor der Haustür werden die besten Qualitäten gezüchtet. Die Austern sind größer und fleischiger als die aus dem Bassin d'Arcachon, und sie unterscheiden sich auch durch ihre blaßgrüne Farbe des Fleisches, die sie einer speziellen Algenart zu verdanken haben. Der

Es muß nicht gut aussehen, es muß gut schmecken: zum Hafen von Marennes fährt man nur, um frische Austern zu schlürfen

Orte von A bis Z — **Mimizan**

Austernhafen von Le Chapus streckt sich mit seinen Hütten und Fischerbooten wie eine Riesenzunge vom Stadtkern Richtung Île d'Oléron vor. Man folgt der Ausschilderung ›Port‹, und wenige Kilometer weiter kann man bei Fischern ein Dutzend frischer Austern mit Brot, Butter und einem Glas kühlem Weißwein für knapp 25 FF genießen. Wenn dann noch die Abendsonne langsam im Meer versinkt, fühlt man sich fast wie Gott in Frankreich…

OTSI: Place Chasseloup-Laubat,
Tel. 05 46 85 04 36,
Fax 05 46 85 14 20.

Le Commerce: 61, rue de la République, Tel. 05 46 85 00 09, kein Fax, günstig. Einfaches Familienhotel, kurz hinter der Ortseinfahrt nahe der Kirche. Die Zimmer sind sauber und das Restaurant bietet einfache Gerichte bei viel zu grellem Licht. Sehr freundlicher Service.

Le Chapus: Am Austernhafen gibt es neben den vielen Austernständen eine Bar mit Restauration und zwei einfache Restaurants, die nach Lust und Laune der Besitzer geöffnet sind. Man muß vor Ort sein Glück versuchen.

Mimizan

Lage: C 9
Einwohner: 4000

Napoleon III. ist es zu verdanken, daß Mimizan noch existiert. Hätte er die Aufforstung der sumpfigen Landes nicht angeordnet, wäre die von den Benediktinermönchen gegründete Stadt von den Wanderdünen überrollt worden. Dann hätten weder Coco Chanel noch andere Prominente ihre Ferienzeit hier verbringen können. Heute locken die gut befestigten Dünen mit den langen Stränden die Touristen in Massen nach Mimizan-Plage. Der Lac de Mimizan hat es besonders den Franzosen angetan. Im Sommer herrscht Hochbetrieb, denn See und Strände gelten als sehr sauber, trotz der nahegelegenen Papierfabrik.

Glockenturm der Benediktinerabtei: Bei Mimizan-Ville.
Der einzige erhaltene Teil der Abtei aus dem 12. Jh. Alle anderen Gebäudeteile wurden von den Wanderdünen zerstört. Sehenswert ist der Bogenlauf mit romanischem Figurenschmuck. Brave Jungfrauen sind ebenso zu erkennen wie Propheten des Alten Testaments und Ordensbrüder, die erschöpfte Jakobspilger betreuen.

Im Juli/August werden die Strände abschnittsweise bewacht. Nacktbaden ist am **Plage Lespecier** offiziell erlaubt. Für Kinder sind die **Plage Courant** und der **Lac de Mimizan** zum Schwimmen am besten geeignet. Die Surfer treffen sich am nördlichen Strandabschnitt, dem **Plage du Nord** (hier befinden sich auch die Surfschulen).

Die andere Art, Ski zu laufen: Nicht Wasserski, sondern Langlauf auf Piniennadeln. Wer es ausprobieren will, wende sich an die Touristeninformation oder an Tel. 05 58 09 19 01.

Mont-de-Marsan *Orte von A bis Z*

OTSI: 38, av. Maurice-Martin (Plage du Nord),
Tel. 05 58 09 11 20.

Côte d'Argent: 6, av. Maurice-Martin,
Tel. 05 58 09 15 22, Fax 05 58 09 06 92, Mitte Mai–Ende Sept., moderat/teuer.
Komfortables Haus. Beliebtes Restaurant mit Panoramaterrasse.

Camping Eurolac: Am Nordende des Sees,
Tel. 05 58 09 02 87.
Der Platz ist zwar etwas teuer, bietet aber alles, was das Urlaubsherz begehrt.

L'Atlantique: 38, av. de la Côte d'Argent,
Tel. 05 58 09 09 42.
Auf das Hotel-Restaurant schwören die Stammgäste und Einheimischen. Nette Atmosphäre und regional-typische Menüs um 100 FF.

Gare SNCF: 33 km entfernt in Labouheyre,
Tel. 05 58 07 00 24.

Mont-de-Marsan

Lage: D 10
Einwohner: 35 000

Als Hauptstadt der Landes hat Mont-de-Marsan erstaunlich wenig Interessantes zu bieten. Die Stadt der Beamten und Militärangehörigen döst scheinbar am Ufer der Midouze vor sich hin. Nur beim Rugby-Spiel und der spanischleidenschaftlichen Fête de la Madeleine scheint das Shopping- und Verwaltungszentrum plötzlich aus seinem Dornröschenschlaf zu erwachen.

Musée Despiau-Wlérick:
Place Marguerite-de-Navarre, Tel. 05 58 75 92 91, Mo, Mi–Sa, 10–12.30, 14.30–18 Uhr.
Das Museum in einem der ältesten Gebäude der Stadt ist der Bildhauerkunst des 20. Jh. gewidmet. Den Schwerpunkt bilden Skulpturen der lokalen Künstler Charles Despiau und Robert Wlérick. Von der Dachterrasse des Museums hat man den besten Ausblick auf Stadt und Umgebung.

Parc Jean-Rameau: Place Francis-Plante.
Parkanlage mit geschmackvollen Blumenrabatten, die zum Flanieren einlädt. Ein Spazierweg führt am Flüßchen Douze entlang, das erst im Zusammenfluß mit dem Midou zur Midouze wird.

Musée de la Course landaise: In Bascons (10 km),
Tel. 05 58 52 91 76, Mai–Okt. tgl. 14.30–19 Uhr.
Hier dreht sich alles um die Traditionen, Riten und natürlich die tierischen Heldinnen der unblutigen Stierspiele.

Notre-Dame-du-Rugby (D 11):
Bei Grenade-sur-l'Adour.
In Larrivière steht sie, DIE Pilgerstätte aller Rugby-Spieler. In der Kapelle hängen Trikots berühmter französischer Rugby-Profis, und das Kirchenfenster schmückt ein außergewöhnliches Motiv: Zu sehen ist das Jesuskind, wie es der Jungfrau den natürlich eiförmigen Ball überreicht.

Les Prés d'Eugénie (D/E 11):
In Eugénie-les-Bains,
Tel. 05 58 05 06 07.
Michel Guérard, Drei-Sterne-Koch im Les Prés d'Eugénie, ist mit seiner Cuisine Minceur heißester Anwärter auf den Bocuse-Thron. Kenner genießen – und vermeiden

Orte von A bis Z # **Rochefort**

Früher normal, heute nur noch auf Festen: Stelzenläufer der Landes

tunlichst den Blick auf die rechte Seite der Speisekarte.
Labastide d'Armagnac (E 10): Die Ansicht der englischen Festungsstadt des 13. Jh. mit ihrem typischen Arkadenplatz ziert jede Touristenbroschüre der Region. Gleichwohl befindet man sich im Herzen der Branntwein-Appellation Bas-Armagnac.

 OTSI: Place de la Mairie, Tel. 05 58 75 22 23.

 Le Midou: Place Porte-Campet, Tel. 05 58 75 24 26, günstig.
Kleines Haus mit nettem Restaurant. Zimmer mit und ohne Dusche. Einfache Ausstattung mit typisch weichem *grand lit*.
Le Renaissance: 225, rte. de Villeneuve, Tel. 05 58 51 51 51, Fax 05 58 75 29 07, moderat/teuer.
Das Hotel liegt etwa 2 km vom Stadtkern entfernt. Es besitzt einen schönen Park und einen Pool. In den nach verschiedenen Poeten benannten Zimmern läßt es sich ruhig und komfortabel übernachten.

Richelieu: Rue Wlérick, Tel. 05 58 06 10 20.
Solides Hotel-Restaurant, in dem es sich ungestört plaudern läßt. Menüs ab 85 FF.

 Fête de la Madeleine: Eine Mischung aus Stierkampf, Course landaise und spanisch-französischer Folklore. Während der Festtage werden *casetas* und *bodegas* aufgebaut, in denen getanzt und gefeiert wird, was die Nacht hergibt. Mitte Juli.

 Gare SNCF: Av. de la Gare, Tel. 05 58 75 11 28.

Rochefort

Lage: C 4
Einwohner: 25 000

Im 17. Jh. ließ Oberintendant Colbert im Auftrag Ludwigs XIV. kurz vor der Charente-Mündung die Corderie Royale, die königliche Seilerei, erbauen. Seitdem entwickelte sich Rochefort zum Mari-

Rochefort

Orte von A bis Z

nestützpunkt. Die Stadt mit ihrem rechtwinkligen Grundriß wirkt auch heute noch militärisch-streng und ist nicht gerade das, was man als lebhaft bezeichnen würde. So sehr sich Rochefort auch um ein Image als Kurort und Seglertreff bemüht, die militärische Tradition ist allgegenwärtig. Rund ein Drittel der gegenwärtigen Bevölkerung gehört dem Militär an.

La Corderie Royale: Charente-Ufer/Ecke rue Audebert, Juni–Sept. Mo–Sa 10–18 Uhr, So 14–18 Uhr, Okt.–Mai Di geschl., Eintritt 30 FF, mit Führung 37 FF, Kinder unter 10 Jahren frei.
Der mit großem Aufwand restaurierte Komplex beeindruckt durch seinen streng barocken Baukörper von 375 m Länge. Er beherbergt heute Institute, eine gut sortierte Buchhandlung mit maritimen Titeln sowie im Sommer ein Café-Restaurant. Auch die Arbeit der Seilmacher wird dokumentiert.

Chantier Hermione: Am Ende der Corderie Royale kann das derzeit größte Projekt Rocheforts live verfolgt werden: Die Rekonstruktion der Fregatte Hermione, mit der La Fayette 1779 über den Atlantik segelte, um General Washingtons Truppen im amerikanischen Unabhängigkeitskrieg zu unterstützen (Eintritt 20 FF).

Musée de la Marine: Place de la Galissonnière,
Tel. 05 46 99 86 57, Mo, Mi–So und an Feiertagen 10–12 und 14–18 Uhr, Mitte Okt.–Mitte Nov. geschl., Eintritt 29 FF.
Das Seefahrtsmuseum mit Dokumenten und Schiffsmodellen ist in einem Kommandeurshaus des 17. Jh. eingerichtet worden.

Musée d'Art et d'Histoire: 63, av. de Gaulle,
Tel. 05 46 99 83 99, Juli/Aug. tgl. 13.30–19, an Feiertagen 13.30–17.30 Uhr, Eintritt 10 FF.
Neben seiner ständigen Sammlung präsentiert das Museum regelmäßig Ausstellungen mit den Schwerpunkten Reise, Entdeckungsfahrten und Übersee.

Musée Pierre Loti: 141, rue Pierre Loti, Tel. 05 46 99 16 88, nur geführte Besichtigungen in französischer Sprache, im Sommer tgl. alle halbe Stunde ab 10 Uhr, im Winter tgl. außer Di und So vormittag um 11, 12, 14, 15, 16 Uhr, Eintritt 20–45 FF.
Die phantasievoll eingerichteten Wohnräume des berühmten Offiziers und Schriftstellers, der lange in Istanbul gelebt hat.

Saintonge: Knapp 15 km weiter im Inland beginnt die historische Landschaft Saintonge. Das Durchgangsland der mittelalterlichen Jakobspilger besitzt noch heute wundervolle romanische Kirchen mit eigenwilligen Pinienzapfentürmen. Die Hauptstadt Saintes ist ein wahrer Schatz für kunsthistorisch Interessierte – vom römischen Amphitheater bis hin zu Stadtpalais aus dem 19. Jh. Ebenso sehenswert ist auch die Nachbarstadt St-Jean-d'Angély.

Cognac: Östlich von Saintes liegt das Appellationsgebiet Cognac. In der gleichnamigen Stadt hat sich der Schimmelpilz bereits an den Häuserwänden abgesetzt und schon bei der Einfahrt riecht es leicht nach Branntwein. In den Destillerien von Martell, Otan oder Rémy Martin gibt es regelmäßig Führungen, die jeweils mit einer Cognac-Probe abschließen.

Brouage (C 5): Wer gen Süden zur Île d'Oléron fährt, muß die Charente überqueren und 25 FF Brückenmaut zahlen. Die D 3 über Soubise

Orte von A bis Z **Rochefort**

Türkei? Nein, Rochefort! Im ehemaligen Haus von Pierre Loti fühlt man sich wie in einem osmanischen Sultanspalast

und Moëze ist wesentlich idyllischer als die Nationalstraße. Sie führt an endlosen Sonnenblumenfeldern vorbei und verläuft direkt durch die Festungsstadt Brouage, die zu einem Erkundungsspaziergang einlädt. Brouage war Schauplatz einer herzzerreißenden Liebesgeschichte zwischen dem jungen Sonnenkönig und Maria Mancini. Gleichzeitig ist Brouage bevorzugter Touristenort der Franco-Kanadier, weil hier 1567 Samuel de Champlain, der Gründer Quebecs, zur Welt kam. Kurz vor Einfahrt zum Zentrum liegt rechts am Fluß eine Bude, wo sich Abends die Fischer treffen: bei Sonnenuntergang sehr romantisch!

OTSI: Av. Sadie-Carnot, Tel. 05 46 99 08 60, Fax 05 46 99 52 64.

Le Paris: 27–29, av. La-Fayette, Tel. 05 46 99 33 11, Fax 05 46 99 77 34, günstig/moderat.
Zentral gelegen mit einfachen, sauberen Zimmern.

La Corderie Royale: Rue Audebert, Tel. 05 46 99 35 35, Fax 05 46 99 84 69 70, teuer/Luxus.
Zwischen Corderie Royale, Jachthafen und Charente in einem historischen Gebäude des 17. Jh. Schöner Innenhof mit Terrasse und Swimmingpool. Ein stilvolles Haus mit exquisitem Restaurant.

Le Flore: Bassin de Plaisance, Tel. 05 46 87 21 06. Genau das Richtige für eine kleine Stärkung nach der Besichtigung der Corderie Royale. Direkt hinter der Anlage am Jachthafen gelegen. Die Mittags- und Abendkarte bietet viele Spezialitäten der Charente-Region zu soliden Preisen.

La Tourne-Broche: 56, av. Charles-de-Gaulle, Tel. 05 46 99 20 19, So, Mo geschl.
Hier ißt man Fisch oder Meeresfrüchte zum vernünftigen Preis. Menüs ab 100 FF.

Einkaufsmeile ist die **Avenue Charles-de-Gaulle,** wo Di, Do und Sa auch Wochenmarkt ist.

La Rochelle

Orte von A bis Z

La Rochelle

Lage: C 4
Einwohner: 80 000 (mit Vororten 120 000)
Extra-Tour: 1, S. 84

La Rochelle vereint die Vorzüge einer gewachsenen Hafenstadt, mit der Überschaubarkeit eines Ferienortes. Dreh- und Angelpunkt ist der Vieux-Port mit seinen mittelalterlichen Festungstürmen. Einst wurden hier Salz und Wein, dann Sklaven, Gewürze und Zuckerrohr aus den neuentdeckten Kolonien verschifft. Heute lebt der Hafen vom Fischfang, dem Schiff- und Jachtbau, von den Freizeitskippern und den Ausflüglern, die im Sommer per Boot die vorgelagerten Inseln besuchen. (s. S. 84). Und während die verfolgten Hugenotten vor den königlich-katholischen Truppen Schutz in der befestigten Stadt suchten, belagern heute die Sommertouristen aus aller Herren Ländern die Cafés und Boutiquen der historischen Altstadt.

Festungstürme: Die Tour de la Chaine, Tour St-Nicolas und die 70 m hohe Tour de Lanterne, das zeitweise als Gefängnis diente, wurden einst zum Schutz des Hafens erbaut. Sie können tgl. bis 12 und ab 14 Uhr besichtigt werden. Ermäßigter Eintritt bei Besuch aller drei Türme.

Hôtel de Ville: Place de l'Hôtel de Ville, Innenbesichtigungen nach Anmeldung im Touristenbüro. Von außen ahnt man nicht, daß sich hinter der festungsartigen Mauer ein kleiner Palast im Stil der Renaissance verbirgt. Auch ohne Innenbesichtigung lohnt der Blick auf den Arkadengang und die eindrucksvolle Treppe.

Altstadt: Man betritt die Altstadt durch das Stadttor Grosse Horloge, in dem sich ein kleines archäologisches Museum befindet. Im Zentrum gibt es interessante Stadtpaläste, wie z. B. den Renaissancebau Maison Henri II in der Rue des Augustins Nr. 14. Auch ein Blick in die Jugendstil-Brasserie Café de la Paix mit dem großzügigen Dekor der Jahrhundertwende lohnt (54, rue Chaudrier).

Vieux Port und Port des Minimes: Vom ›Alten Hafen‹ bis zum Jachthafen Port des Minimes erstreckt sich die Flaniermeile mit Restaurants, Marktständen und Cafés. Hinter dem Port des Minimes liegt das neuangelegte Viertel Gabut mit bunt gestrichenen Holzhäuschen, die ein bißchen an Schweden erinnern.

Aquarium: Port des Minimes, Tel. 05 46 34 00 00,
tgl. 9–19 Uhr im Sommer, Juli und Aug. bis 23 Uhr, im Winter 10–12.30, 14–19 Uhr.
Es ist das größte an der Atlantikküste und begeistert nicht nur Kinder.

Inseltouren: Mehrere Reedereien bieten Touren zu den Inseln Aix, Ré und Oléron sowie zum Fort Boyard an. Abfahrten vom Vieux-Port und Cours des Dames. Zeiten und Informationen vor Ort.
Tel. 05 46 50 51 88 und
05 46 50 68 44.

OTSI: Le Gabut,
Tel. 05 46 41 14 68,
Fax 05 46 41 99 85.

St-Jean d'Acre:
4, place de la Chaîne,
Tel. 05 46 41 73 33,
Fax 05 46 41 10 01, moderat
Für den Standort direkt am Vieux

Orte von A bis Z | **La Rochelle**

Port nicht zu teuer. Einige Zimmer mit Meerblick, dafür auch etwas lauter, weil sie zur belebten Kneipenstraße liegen. Nett eingerichtet, nur die Duschen sind völlig schlapp. Das hauseigene Restaurant Au Vieux-Port ist mehrfach ausgezeichnet, was nicht immer nachvollziehbar ist. Die Meeresfrüchteplatte jedenfalls war teuer und einfallslos.
François 1er: 15, Rue Bazoges, Tel. 05 46 41 28 46, Fax 05 46 41 35 01, moderat. Beliebtes Hotel in der Altstadt. Die Parksituation ist zwar schlecht, wer aber zu Fuß in La Rochelle unterwegs ist, wird mit dem Preis/Leistungsverhältnis sicher zufrieden sein. Frühzeitig reservieren.
Le Mercure: 23, quai Valin, Tel. 05 46 41 20 68, Fax 05 46 41 81 24, teuer. Top-Hotel am Hafen mit dem erstklassigen Restaurant Le Yachtman. Einige Zimmer mit Meerblick.

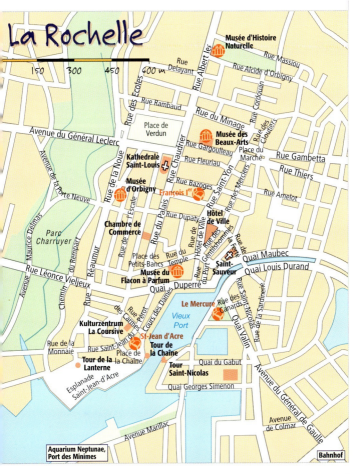

Royan

Orte von A bis Z

🍴 **Passerelle de St-Jean:** 12, rue St-Jean Perrot, Tel. 05 46 41 14 44.
Fisch und Meeresfrüchte zum Sattessen. Menu 88–230 FF.
Le Tire-Bouchon: 16, rue du Cordouan, Tel. 05 46 41 68 00, So geschl.
Der ›Korkenzieher‹ ist bei Touristen und Einheimischen beliebt wegen der regionalen Spezialitäten und der gemütlichen Atmosphäre. Menü ab 80 FF.
Café du Nord: 19, quai du Gabut, Tel. 05 46 41 19 39.
Der Seglertreff am Jachthafen. Immer gut für eine Erfrischung zwischendurch oder ein ordentliches Essen zu günstigem Preis.

🛍 **Einkaufsstadt La Rochelle:** In der Altstadt gibt es für jedes Portemonnaie und für jeden Geschmack eine große Auswahl. Markt ist jeden Vormittag am Place du Marché.

🍷 Abends trifft man sich in den Bars und Cafés am Hafen und in den Szenetreffs hinter der Grosse Cloche. Ruhiger ist die
Bar de la Tour: In der Tour du Chaîne, Tel. 05 46 41 60 66.
Auf mittlerer Höhe des Festungsturms mit toller Aussichtsterrasse. Von hier überblickt man die Stadt und den Hafen. Abends teilweise Live-Musik.

🎭 **La Cavalcade:** der Festumzug mit allem Drum und Dran. Ganz La Rochelle spielt verrückt. Anfang Juni.
Francofolies: Das größte Musikfest der Stadt dauert sechs Tage. 2. Juli-Hälfte.

⛴ **Bus de Mer:** Pendelfähre zwischen Vieux Port und Port des Minimes, 10 FF.

Gare SNCF: Place St-Pierre, nahe dem alten Hafen. Verbindungen nach Paris und Bordeaux. Auskunft unter Tel. 05 46 41 15 98.

Royan

Lage: C 5
Einwohner: 17 000

1945 verlor das Seebad an der Mündung der Gironde durch das Bombardement der Alliierten schlagartig sein mondänes Gesicht. Dennoch ist die Stadt mit ihren schönen Stränden ein beliebter Badeort der Franzosen – auch ohne Sehenswürdigkeiten.

🏖 Zentrum des Seebades bildet die lange Meerespromenade mit Cafés, Restaurants und Boutiquen. Davor erstreckt sich der geschwungene Sandstrand **Grande Conche.** Sehr beliebt ist auch der **Strand von Pontaillac** nahe dem Campingplatz, obwohl das Meer an der Stelle schon seit 1997 stark verunreinigt ist.

🗼 **Phare de Cordouan:** Bootsfahrten zum Leuchtturm im Mündungstrichter der Gironde (dem ältesten Frankreichs), und zur Pointe de Grave werden im Sommer täglich angeboten.
Fährhafen an der Conche de Foncillon, Tel. 05 46 38 59 91.
La Palmyre (C 5): Nördlich von Royan liegt die muschelförmige Bucht des Badeortes La Palmyre mit einem schönen Sandstrand. Kurz vor der Ortseinfahrt lockt der große Zoo de la Palmyre zu einem Besuch mit der ganzen Familie (tgl. 9–19 Uhr, Eintritt 35 FF).
St-Radegonde (C 6): Die atemberaubende Lage am Hang und der

Orte von A bis Z **Soulac-sur-Mer**

Ein kulinarisches Fest: das Plateau de fruits de mer

stilreine romanische Bau haben die Kirche des denkmalgeschützten Ortes Talmont zum bekanntesten Bauwerk an der Gironde gemacht. Auf dem Weg dorthin passiert man das hübsche Hafenstädtchen Meschers-sur-Gironde mit zahllosen Felshöhlen.

 OTSI: Rond Point de la Poste, Tel. 05 46 05 04 71, Fax 05 46 06 67 76.

La Saintonge: 14, rue Gambetta,
Tel. 05 46 05 78 24,
günstig/moderat.
Das Familienhotel bietet wenige, aber ordentliche Zimmer in ruhiger Lage.
Grand Hôtel de Pontaillac:
195, av. de Pontaillac,
Tel. 05 46 39 00 44,
Fax 05 46 39 04 05, teuer.
Eines der schönsten Häuser in unmittelbarer Nähe von Royan, allerdings ohne eigenes Restaurant.

 Camping Clairefontaine:
Rue du Colonel Lachaud,
Tel. 05 46 39 08 11,
Fax 05 46 38 13 79, 27.

Mai bis 10. Sept., mit diversen Sportmöglichkeiten.

 Am Boulevard de la Mer hat man die Qual der Wahl.
Le Nautile: Plage Foncillon.
Eins der besten Fisch- und Meeresfrüchterestaurants. Spezialitäten sind Mouclade oder Chaudrée, typische Muschel- und Aalgerichte der Charente-Maritime.

 Gare SNCF: Auskunft Tel. 05 46 05 20 10.
Direktverbindungen in die Saintonge und nach Angoulême.

Soulac-sur-Mer

Lage: C 6
Einwohner: 3000

Das nördlichste Seebad des Médoc erstreckt sich fast bis zur Pointe de Grave und vereint auf seine Weise den Dünenstrand der Côte d'Argent mit der Mündung der Gironde. Und neben der heute von den Sandmassen wieder befreiten Pilgerkirche des 12. Jh. be-

Soustons

Orte von A bis Z

stimmen Ferienzentren, Sommervillen und Campingplätze das Bild des kleinen Badeortes.

Soulac-sur-Mer bietet schöne, breite Sandstrände. Wer die Hüllen ganz fallen lassen möchte, muß nur wenige Kilometer weiter gen Süden fahren. **Le Gurp** und **Montalivet-les-Bains** sind zwei Nudisten-Hochburgen mit eigenen Restaurants, Supermärkten und vielem mehr (Tel. 05 56 09 30 47).

OTSI: Rue de la Plage,
Tel. 05 56 09 71 25,
Fax 05 56 73 63 76.

Des Pins: L'Amélie,
Tel. 05 56 73 27 27, Fax 05 56 73 60 39, moderat/teuer.
Schön gelegenes Haus in Strandnähe. Gutes Restaurant mit regionalen Spezialitäten.

Bootstouren und Fährfahrten nach Royan ab Port-Bloc an der Pointe de Grave.

Soustons

Lage: C 11
Einwohner: 800

South Town nannten die Engländer den Ort während des 100jährigen Kriegs. Die scheinbar viel zu große Kirche mit ihrem hohen Turm spiegelt noch die Bedeutung aus der Zeit wider. Urlauber kommen vor allem wegen des Lac de Soustons mit seinen diversen Sportmöglichkeiten.

Centre Nautique de Soustons: Tel. 05 58 41 14 61.
Direkt am Lac de Soustons werden Kanus, Surfbretter u. ä. vermietet. Das Zentrum bietet im Sommer auch Surfkurse an.

OTSI: Grange de Labouyrie, Tel. 05 58 41 52 62.

Pavillon Landais: Av. du Lac, Tel. 05 58 41 14 49, Fax 05 58 41 26 03, moderat/teuer.
Komfortables Hotel mit gutem Restaurant direkt am See.

L'Airial: D 652,
Tel. 05 58 41 12 48.
Der einzige Campingplatz reicht bis an den See heran. Hier fehlt es an nichts.

Le Relais de la Poste:
RN 10 in Magescq,
Tel. 05 58 47 70 25.
Einen Abstecher wert ist das Restaurant von Bernard und Jean Cousseau. Was die Zwei auf den Teller zaubern, ist klassisch französische Küche mit regionalem Einschlag auf allerhöchstem Niveau. Unbedingt reservieren.

St-Jean-de-Luz

Lage: B 12
Einwohner: 14 000 (mit Ciboure) (siehe auch Ciboure, S. 58)

Ein kleines Fischerdorf und Piratennest, zwischen Pyrenäen und Atlantik gelegen, betrat das historische Parkett mit einem Paukenschlag: Am 9. Juni 1660 heiratete der 22jährige König von Frankreich die spanische Infantin Maria-Theresa in der Dorfkirche von St-Jean-de-Luz. Viele Bauten aus der Zeit sind erhalten geblieben: Die Hochzeitskirche, das Haus, in dem

Orte von A bis Z # St-Jean-de-Luz

Ludwig XIV. auf die Ankunft seiner Braut wartete, und natürlich auch jenes Gebäude, in dem die habsburgische Prinzessin die wenigen Nächte vor der Hochzeit verbrachte. Der Stadtkern ist ein lebendiges Freilichtmuseum mit historischen Bauten, verwinkelten baskischen Bürgerhäusern, kleinen Gassen und dem wichtigsten Thunfischhafen Frankreichs. St-Jean-de-Luz ist einer der reizvollsten Orte an der baskischen Küste.

Église St-Jean-Baptiste: Sie war 1660 Schauplatz der königlichen Hochzeit. Im Innern gleicht das Deckengewölbe dem einem Schiffsbauch. Beeindruckend auch der reich geschmückte vergoldete Retabel und die mehrgeschossige Holzgalerie, die damals ausschließlich den männlichen Kirchengängern vorbehalten war. Eine Seitenpforte wurde angeblich sofort nach Verlassen des berühmten Brautpaares zugemauert, damit nach dem Sonnenkönig nie wieder jemand diese Schwelle betritt.

Place Louis XIV: Der historische Platz der Stadt mit Musikpavillon, Restaurants, sehenswerten Bürgerhäusern und dem Rathaus aus dem 17. Jh.

Maison Louis XIV: Place Louis XIV, 1. Juni–30. Sept. 10–12.30, 14–18 Uhr, Eintritt 25 FF.
Hier wohnte der Sonnenkönig bei seiner Hochzeit. Später kehrte er noch einmal zurück, um den Pyrenäenfrieden abzuschließen.

Musée de Grévin: 7, rue Mazarin, Maison de l'Infante, April bis Okt. 10–12.30, 14–18 Uhr, Juli/Aug. bis 20 Uhr, Eintritt 33 FF.
In einem Trakt des Hauses, in dem die Infantin bis zur Hochzeit schlief, ist ein Wachsfigurenmuseum untergebracht. Szenen der königlichen Hochzeit sind ebenso dargestellt wie dramatische Momente der Stadt zur Zeit der Freibeuterei.

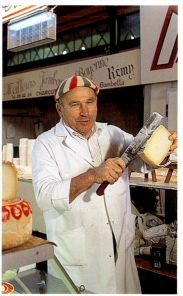

**Darf's etwas mehr sein?
Käsehändler in St-Jean-de-Luz**

Boots- und Angelfahrten starten in der Saison täglich vom Hafen mit der Marie Rose oder Nivelle III. Auskünfte vor Ort oder unter Tel. 05 59 26 25 87.

Corniche Basque (B 12): Die Küstenstraße von St-Jean-de-Luz bis zur spanischen Grenze ist eine 28 km lange Panoramafahrt mit atemberaubenden Ausblicken. Glücklicherweise gibt es genug Haltebuchten, um sich die Augen zu reiben – es ist wie im Traum.

 OTSI: Place du Maréchal-Foch, Tel. 05 59 26 03 16.

 Ohartzia: Rue Garat, Tel. 05 59 26 00 06, moderat.

St-Jean-de-Luz
Orte von A bis Z

Bei Madame Audibert geht es familiär zu, und sie erzählt gern über Stadt und Leute. Das Haus selbst ist alt und verwinkelt, hat aber Charme. Liegt mitten im Zentrum.
La Deviniére: 5, Rue Loquin, Tel. 05 59 26 05 51, teuer.
Ein kleines, feines Hotel, das im Landhausstil eingerichtet ist. Es hat kein Restaurant, dafür aber einen entzückenden Teesalon, in dem das Frühstück serviert wird.

La Ruelle: 19, rue de la République, Tel. 05 59 26 37 80.
Statt eines *plateau* mit Meeresfrüchten wird hier ein *bateau* serviert, das zu zweit kaum zu schaffen ist. Wer draußen keinen Platz erwischt, muß nicht traurig sein, die Stimmung drinnen ist unschlagbar. Das liegt wohl an der baskischen Art des Chefs: Sehr geschäftstüchtig und schlagfertig.
Le Petit Gril Basque: 4, rue St-Jacques, Tel. 05 59 26 80 76.
In einer kleinen Straße abseits der Touristenlokale essen mittags die Einheimischen. Maya Degregorio bietet, was der Fang am Morgen hergibt, Thunfisch, Chipirones, je nachdem. Günstig und typisch.

Hauptgeschäftsstraße ist die **Rue Gambetta,** die sich am Abend zur Flaniermeile verwandelt. Hier lohnt ein Blick in das Lederwarengeschäft **Laffargue** mit hauseigener Sattlerei. Berühmt sind die handgefertigten Taschen mit den silberfarbenen Clous, den rechteckigen Nieten. Kurz dahinter folgt der Hutsalon von **Alice Aragón,** in dem es die Original-Baskenmützen zu kaufen gibt.
Maison Adam: Place Louis-XIV.
Die Mandelmakronen des Hauses sind eine Spezialität, die sogar den Sonnenkönig entzückten.

Georges Moutet: 9, rue de la République.
Hier gibt es Handtücher, Bett- und Tischwäsche aus den traditionellen baskischen Materialien Leinen, Hanf und Baumwolle, meistens verziert mit farbigen Streifen, deren Anzahl früher den Wohlstand der Hauses anzeigte.
Marché couverte: Di und Fr 8–12.30 Uhr.
Wochenmarkt. Regionale Produkte, Blumen, Fisch, Würste… Einer der schönsten Märkte an der baskischen Küste.

Fête du Thon: Thunfischfest Anfang Juli.
Musikfest: In der Saison jeden So ab 12 Uhr, Place Louis XIV.

Gare SNCF: Av. du Verdun. Zugverbindung nach Biarritz und Bayonne mehrmals tgl.

Vieux-Boucau/ Port d'Albret

Lage: B 11
Einwohner: 1400

Ein typisches Touristenbad, das im Sommer gut 20mal so viele Einwohner zählt wie sonst. Wen wundert es da, das Vieux-Boucau durch Ferienappartements mittlerweile fast zugebaut ist. In der Nähe liegen mehrere Seen, u. a. der 60 ha große Lac de Léon mit salzigem Wasser. Auch der verstorbene Staatspräsident François Mitterrand fühlte sich hier wohl. Er besaß 30 Jahre lang ein Landhaus in der Gemeinde, die Ferme de Lanché. Nach seinem Tod ehrte ihn die Stadt mit einer lebensgroßen bronzenen Skulptur im Zentrum.

Orte von A bis Z **Vieux-Boucau/Port d'Albret**

Auch in diesem Teil der Côte d'Argent treffen sich Surfer und Anhänger feiner Sandstrände. Die Badestrände werden überwacht.

Bootsfahrten: Auf dem Courant d'Huchet, Abfahrten nahe Lac de Léon, Auskunft unter Tel. 05 58 48 75 39.
2–4 Std. dauert eine der aufregendsten Bootsfahrten, die man in den Landes unternehmen kann. Der Courant d'Huchet windet sich durch die malerische Landschaft, gesäumt von Tamarisken und Zypressen. Seit 1934 ist die Uferlandschaft geschützt. Am Ende der Fahrt entdeckt man noch die seltenen Hibiskusblüten Hibiscus roseus, die sonst in Süditalien und am Nil-Ufer wachsen.

Moliets-, St-Girons- und Contis-Plage: Zwischen Vieux-Boucau und dem 55 km nördlich gelegenen Mimizan liegen einige weitere Badeorte, z. B. Moliets-, St-Girons- und Contis-Plage. Sie bieten weniger Freizeitmöglichkeiten, sind aber im Sommer nicht so überlaufen. Außerhalb der Saison sagen sich hier allerdings höchstens die Seemöwen gute Nacht – dann ist absolut nichts los.

11, Promenade du Mail, Tel. 05 58 48 13 47.

 La Côte d'Argent:
Rue Principale, Tel. 05 58 48 13 17, günstig/moderat.
Passables, etwas lautes Hotel, dafür nicht so teuer.

 Les Sablères:
Tel. 05 58 48 12 29.
Der einzige Campingplatz in Vieux-Boucau ist ausgeschildert und leicht zu finden. Nicht weit vom Strand entfernt. Eine bessere, etwas teurere Alternative ist der Platz in Soustons.

Küsten-Tour: Die D 652 ist eine ideale Ausflugspiste durch die Küstenregion der Landes, vor allem für Radfahrer. Sie führt bis Mimizan (s. S. 69) bzw. Arcachon (s. S. 31) hinauf.

On the road: die Atlantikküste ist ein ideales Biker-Revier

- **Médoc** – Ein Meer voller Reben und vornehme Châteaux im weltbekannten Weinanbaugebiet zwischen Gironde und Atlantik
- **Lacanau-Océan** – Am berühmten feinen Sandstrand treffen sich zur Weltmeisterschaft die besten Surfer
- **Bordeaux** – Wer Shopping und Nightlife liebt, findet in Bordeaux Möglichkeiten genug. Und die Metropole hat noch mehr zu bieten: Elegante Plätze und das besterhaltene Stadtensemble des 18. Jh. in ganz Frankreich
- **Arcachon** – Das mondäne Seebad der Belle Époque lockt mit verspielten Sommervillen und wunderschönen Stränden
- **Dune du Pilat** – Beeindruckende 114 m Höhe erreicht die höchste Wanderdüne Europas vor den Toren von Arcachon

EXTRA-

Fünfmal Atlantikküste oder Hinterland

1. Austern, Strände und romantische Fischerdörfer – Inselhopping nach Ré, Aix und Oléron
2. Route des Crus – Erlesene Weine aus den Châteaux des Médoc

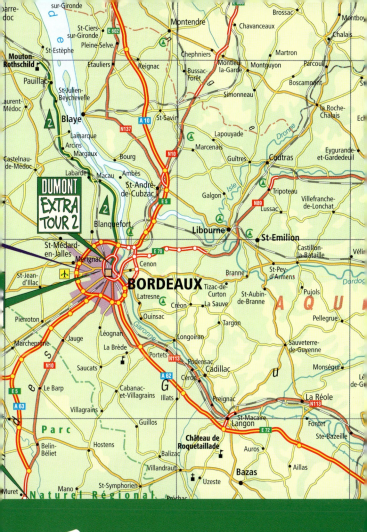

Touren

3. Tour des Landes – Traditionelles Handwerk und volkskundliche Entdeckungen im größten Pinienwald Frankreichs

4. Brot und Spiele – Zu den malerischen Dörfern des baskischen Pyrenäenvorlandes

5. Die stolze Schöne – Ein Spaziergang durch Bordeaux

Austern, Strände und romantische Fischerdörfer – Inselhopping nach Ré, Aix und Oléron

Dieser Ausflug ist an einem Tag nicht zu bewältigen. Wer alles sehen möchte, sollte auf der Île de Ré und der Île d'Oléron ein Quartier suchen. Die Offices de Tourisme vor Ort sind bei der Vermittlung behilflich, allerdings läuft im Juli und August auch hier nichts ohne Vorbuchung.

Gut 110 FF beträgt die Brückenmaut für die Überfahrt von La Rochelle zur **Île de Ré (B/C 4).** Günstiger geht's nur zu Fuß oder per Rad. Gleich nach der Ankunft in **Rivedoux-Plage** beginnt das Inselfeeling. Eine zur Ferienzeit hoffnungslos überfüllte Hauptstraße verbindet den südlichen und den nördlichen Teil der Insel miteinander. Die Radfahrer haben es angenehmer. Sie können auf einen der schönen Wege der ›weißen Insel‹ ausweichen. Fahrräder gibt es praktisch an jedem Ort zu mieten.

An der Ostküste liegt der von Vauban befestigte Hauptort **St-Martin de Ré** mit hübschem Jacht- und Fischerhafen und Stadtpalästen an malerischen Gassen. Nicht umsonst ist er ein beliebter Sommertreff der Pariser. Die beste Aussicht auf die Stadt und die Insel hat man von der Aussichtsterrasse des Kirchturms. Wer einen gewissen Körperumfang überschreitet, wird große Schwierigkeiten mit dem Aufstieg haben. Vor den Toren des Hauptorts erstrecken sich die Rebfelder des Vin de Sable. Den frischen jungen ›Sandwein‹ sollte man sich keinesfalls entgehen lassen.

Auf dem Weg zum Bilderbuchort **Ars-en-Ré** passiert man **La Couarde,** den größten Ferienort der Insel. Kurz dahinter folgen das Austernzuchtgebiet um Martray und die ausgedehnten *marais salants,* die Salzfelder der Île de Ré. Ars-en-Ré ist schon von weitem am leuchtturmartigen Turm der Kirche St-Étienne zu erkennen. Bei einem Bummel durch die kleinen Straßen fallen die niedrigen Häuser mit den grün gestrichenen Fensterläden ins Auge. Wer genau hinschaut, erkennt überall kleine Halterungen in Form einer Fischerbüste. Eins der angenehmsten Restaurants der Insel ist das Café du Commerce am Hafen. Auf der riesigen Terrasse direkt am Kai schmecken die

Extra-Tour

Wer tief gräbt, wird fündig: Muschelsucher auf Oléron

großzügig bemessenen Portionen gleich doppelt so gut. Ein Abstecher zum 55 m hohen Leuchtturm Phare de la Balaine beschließt die Inselrundfahrt. Wer die 262 Stufen scheut, sollte wenigstens einen Plausch mit dem nettesten Leuchtturmwärter der französischen Atlantikküste halten.

Zur autofreien **Île d'Aix (C 4)** gelangt man am bequemsten vom Festland aus. Also geht es von der Île de Ré über La Rochelle bis zur Fährstation La Fumée in Fouras. Vorbei am Verteidigungsbollwerk Fort Enet erreicht man mit der Fähre in knapp 25 Min. die Südspitze des nur 133 ha großen Eilands. Das Fort de la Rade empfängt die Besucher auf dem Weg zum einzigen Inseldorf **Le Bourg**. Die Straßen heißen Rue Gourgaud, Rue Napoléon, Rue Marengo und erinnern an eine historische Phase, die Aix berühmt gemacht hat: Die Insel war der letzte französische Aufenthaltsort Napoleons vor seiner Verbannung nach St-Helena. Obwohl er nur vom 12. bis 15. Juli 1815 blieb, wurde sein Quartier in ein Museum verwandelt, die Maison de l'Empéreur. Hier zeigen alle Uhren 5.49 Uhr an, die Zeit seines Todes. Wer mag, fährt dann noch zu den Austernbänken und Feinsand-Stränden der Bucht Anse du Saillant oder zum Fort Liédot, der Gefängnisfestung an der Nordspitze.

Per Schiff von der Île d'Aix oder über den mautpflichtigen Viadukt bei Marennes gelangt man zur zweitgrößten Insel Frankreichs. Die **Île d'Oléron (C 4/5)** ist gewissermaßen die große Schwester der Île de Ré. Auch sie bietet erstklassige Strände, einladende Dörfer, Jacht- und Fischerhäfen sowie beste touristische Infrastruktur. Im Gegensatz zu den anderen Inseln sind ihre Wälder sehr wildreich, so daß nicht nur Austern, Crevetten oder Fisch, sondern auch Wildgerichte auf der Speisekarte stehen. Auf dem Besichtigungsprogramm sollten der Festungsort **Le Château d'Oléron** und der Fischerhafen **La Cotinière** stehen. Auch eine Fahrt zu den Austernzuchtgebieten gehört zu einem Besuch Olérons. Zum Bummeln und Einkaufen bietet sich der Hauptort **St-Pierre-d'Oléron** an, dessen mysteriöse Lanterne de Mort eine Sehenswürdigkeit ist.

Länge der Tour: ca. 160 km

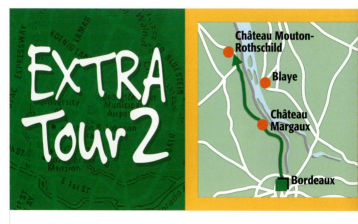

Route des Crus – Erlesene Weine aus den Châteaux im Médoc

In medio aquae bezeichneten die Römer einst die sonnenverwöhnte Landzunge zwischen Gironde und Atlantik (D 7). Als Médoc wurde sie schließlich zum Inbegriff erlesener Weine. Auf 80 km Länge und bis zu 5 km Breite erstrecken sich 12 700 ha Rebfläche, die in acht geschützte *Appellations* (Herkunftsbezeichnungen) unterteilt ist. Über 1000 Weingüter in einer prachtvollen Landschaft laden zum Schauen und Genießen ein.

Von Bordeaux aus führt die Route am Hafen und den Industriezonen vorbei ins Haut-Médoc, den südlichen Teil der Weinbauregion. Erste Station ist der kleine Ort Macau. Hier zweigt ein Weg zum **Château Cantemerle** (Tel. 05 57 97 02 82) ab. Die Weine des Hauses stehen für einen *5ième cru classé*, während das Gebäude beweist, daß ein *château* im Bordelais nicht immer ein herrschaftliches Anwesen ist. Kurz darauf folgt Labarde mit dem **Château Dauzac** (Tel. 05 57 88 32 10), dessen Weine bereits die magische Herkunftsbezeichnung Margaux im Etikett führen. Das gilt auch für den Wein des ehemaligen Toulouse-Lautrec-Anwesens **Château Siran** (Tel. 05 57 88 70 05). Das roséfarbene Gebäude steht inmitten eines geschmackvoll angelegten Gartens mit altem Baumbestand. Die kostbare Porzellansammlung allerdings bekommt der Besucher nur nach Voranmeldung zu sehen. Wie überhaupt eine Besichtigung mit *dégustation* (Weinprobe) im Médoc nur nach Reservierung möglich ist. Doch gibt es Ausnahmen, wie das einstige Benediktinerkloster **Château Prieuré-Lichine** (Tel. 05 57 88 36 28) beweist. Sacha Lichine erbte die Domäne von seinem Vater Alexis, einer schillernden Persönlichkeit mit filmreifer Lebensgeschichte. Er hatte großen Anteil daran, daß der Bordeaux in Amerika so bekannt wurde. Noch heute exportiert Lichine den Löwenanteil seines ›roten Goldes‹ in die USA.

Eines der seltenen Weingüter, deren Rebensaft einen *1er grand cru classé* hervorbringt, ist das prachtvolle **Château Margaux** (Tel. 05 57 88 70 28). Der neoklassizistische Bau wurde samt Lagerbestand und 90 ha Rebfläche für

Extra-Tour ❷

Ob es wohl ein Jahrhundertwein wird? Weinlese im Médoc

knapp 60 Mio. FF an die Familie Mentzélopoulos verkauft. Ein wahres Schnäppchen für den Besitzer einer französischen Supermarktkette. Erst recht im Vergleich zu den 18 Mio. FF, die Eric de Rothschild, Besitzer des **Château Lafite-Rothschild** (Tel. 05 56 73 18 18) in Pauillac, allein für 1 ha Rebfläche in Pomerol bezahlte – er hat übrigens 14 mal soviel gekauft.

Das Anbaugebiet Margaux ist die Wiege der *Appellation d'Origine Contrôlée,* deren Ursprung auf das Klassifizierungssystem von 1855 zurückgeht. Einen exzellenten Roten bietet das **Château Palmer** (Tel. 05 57 88 72 72). Mit seinen flankierenden Spitztürmchen ist es schon von außen eine Sehenswürdigkeit.

Im Zentrum von **Margaux** liegen die *châteaux* dicht an dicht. Sehr gastfreundlich ist das **Château Malescot-St-Exupéry** (Tel. 05 57 88 70 68), das ehemalige Gut des Autors des ›Kleinen Prinzen‹. Über Arcins und Lamarque, wo die Fähre nach Blaye übersetzt, geht es weiter gen Pauillac. Dabei passiert man weitere Perlen, wie das **Château Beychevelle** (Tel. 05 56 73 20 70) mit terrassierten Gärten, die bis zur Gironde reichen. Beeindruckend sind auch die Weingüter **Château Pichon-Longueville-Comtesse-de-Lalande** (Tel. 05 56 59 19 40), das einer Schloßburg gleicht, und das **Château Leoville-Las-Cases** (Tel. 05 56 59 25 26), dessen Weine Spitzenpreise erzielen.

In Pauillac bilden die Weinpaläste der Familie Rothschild die erste Attraktion. Das **Château Mouton Rothschild** (Tel. 05 56 73 21 29) zum Beispiel ist auch ohne eine Probe des *1er grand cru classé* einen Besuch (mit Anmeldung) wert. Bei der Führung sieht man nicht nur die Weinlager mit kostbaren alten Tropfen, die hinter Eisengittern im wohltemperierten Keller lagern, sondern auch die exquisite Etikettensammlung, die seit 1945 jährlich von einem namhaften Künstler geschaffen wird.

Auch weiter nördlich in St-Estèphe und im Médoc geizt die Route des Crus nicht mit ihren Reizen. Wer alles sehen möchte, sollte in Pauillac oder Margaux Quartier beziehen und am besten mehrere Tage bleiben. *À la vôtre!*

Länge der Tour: Hin und zurück (Bordeaux – Pauillac) ca. 100 km

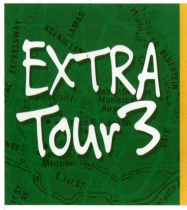

Traditionelles Handwerk im Naturpark der Landes

Zwischen Gironde- und Adour-Mündung erstreckt sich die silbrigschimmernde Dünen- und Strandlandschaft der Landes. Dahinter liegen die von Kiefernwäldern geschützten Étangs, die fischreichen Binnenseen. Den Zeitgenossen am Anfang des 19. Jh. bot sich beim Anblick des Landes allerdings ein völlig anderes Bild. Der feine Sandstrand war den stürmischen Atlantikwinden schutzlos ausgeliefert, so daß meterhohe Dünen entstanden, die bis zu 20 m pro Jahr landeinwärts wanderten. In den Bauernsiedlungen lebten wenige Menschen in einer Heide- und Sumpflandschaft, die sie auf langen Stelzen durchqueren mußten. Erst Napoleon III. setzte dieser Trostlosigkeit ein Ende. Auf seine Anordnung wurden Kiefern und Pinien gepflanzt, um die Wanderlust der Dünen einzudämmen. Die Sümpfe wurden trockengelegt, und im Lauf der folgenden Generationen entstand der größte Nutzwald Frankreichs. Er umfaßt 262 000 ha, die 1970 zum Parc Naturel Régional des Landes de Gascogne zusammengefaßt wurden (C/D 8/10).

Am Rande der Grande Lande, der zentralen Landschaft des Naturparks, liegt **Saugnacq-et-Muret,** ein kleiner Ort, der vornehmlich für seine gute regionale Küche bekannt ist. Das Hotel-Restaurant Le Grandgousier steht für Schlemmerfreuden à la Rabelais (s. S. 68). Direkt gegenüber liegt die Keramikwerkstatt von Alain Legros. Ein schlichtes Schild mit der Aufschrift Poterie weist den Weg. Ihm kann man täglich bei der Herstellung seiner Fayencen über die Schulter schauen und im angeschlossenen Laden die von seiner Frau Janine bemalten Stücke erstehen.

Dann geht es weiter nach **Moustey.** Auf dem Weg bieten mehrere Bauernhöfe ihre Produkte zum Kauf an: Foie gras, Gemüse oder Obst, das man sich teilweise selbst pflücken kann. Moustey liegt am Fluß Leyre, der sich für ausgedehnte Kanutouren durch den Naturpark anbietet (Bootvermietung am Flußufer). Der kleine Ort besitzt zwei bemerkenswerte romanische Kirchen, die wichtige Stationen der Jakobspilger auf dem Weg nach Santiago de Compostela waren. In der Église Notre-Dame

Extra-Tour 3

Mit dem Bähnchen ins Museumsdorf Marquèze

wurde ein Museum eingerichtet, das über Volksglauben und Religion in den Landes Aufschluß gibt. Es ist Teil des 1970 gegründeten Écomusée de la Grande Lande, zu dem auch die Harzwerkstatt in Luxey und das Freilichtmuseum von Marquèze gehören (s. S. 67). Eine ermäßigte Eintrittskarte für alle drei Sehenswürdigkeiten ist jeweils vor Ort erhältlich.

Der Landstraße Richtung Sabres folgend, passiert man **Pissos.** Hier zeigen u. a. Korbflechterinnen und Glasbläser ihre Fertigkeiten in der Maison des Artisans (April–Juni 15–18 Uhr, Juli/Aug. 10–12, 15–19 Uhr). Kurz davor liegt eine modernisierte Bergerie, wo Flora und Fauna des Waldes präsentiert werden (Tel. 05 58 04 41 40). Die Pinienwälder um Pissos können auch zu Pferd erkundet werden (Ausritte über Centre Équestre de Pissos, Tel. 05 58 08 96 54).

In **Sabres** führt der Weg direkt zum Bahnhof, von dem ein Touristenzug zum 5 km entfernten **Écomusée de Marquèze** fährt. Der historische Zug transportierte im 19. Jh. Fahrgäste und Holzstämme von Sabres nach Labouheyre; heute ist er die einzige Verkehrsverbindung nach Marquèze. Gleich nach der Ankunft beginnt eine etwa zweistündige Führung durch die Anlage, der man sich jedoch nicht anschließen muß. Zu sehen sind Wohnhäuser, Ställe, Herrschaftsgebäude und Werkstätten eines typischen Quartier de la Grande Lande, wie die Bauerndörfer des 19. Jh. genannt wurden. Einige Gebäude blieben unversehrt erhalten, andere wurden originalgetreu aufgebaut. Die Dorfbewohner demonstrieren den Arbeitsalltag im 19. Jh. bis zur Umgestaltung der Landschaft durch Napoleon III.

Den Abschluß der Tour durch die Landes bildet das Atelier des Produits Résineux in **Luxey.** Während der Führung durch die Werkstatt von Jacques und Louis Vidal erfährt der Besucher alles über die Bedeutung der Harzgewinnung und -verarbeitung vom 19. Jh. bis heute. Danach lädt im Zentrum das gemütliche Lokal Relais de la Haute-Lande (Tel. 05 58 08 02 30) zur Stärkung ein, bevor es entlang des Flüßchens Petite Leyre über die Orte Sore und Belhade zurück nach Saugnacq-et-Muret geht.

Länge der Tour: ca. 145 km

Brot und Spiele: Orte baskischer Lebensfreude

Ob sportliche Veranstaltungen wie Pelota, Kraftspiele oder Volksfeste mit Musik und Tanz, die Basken haben immer einen Grund zu feiern. Vor allem im Sommer folgt ein Festtermin dem nächsten. In den malerischen Dörfern des baskischen Hinterlandes (B 12) macht das Feiern gleich doppelt Spaß. Und da jeder Baske viel Wert auf gutes Essen legt, gibt es überall auch jede Menge kulinarische Köstlichkeiten zu genießen.

Von St-Jean-de-Luz ist das hübsche Dorf **Ascain,** der erste Ort der Pyrenäen-Tour (s. S. 30), bequem über die D 918 zu erreichen. Ein erster Stopp lohnt bei der Conservrie Artisanale (Tel. 05 59 54 08 67) an der Route de St-Jean-de-Luz, die Foie gras, Piperade und andere baskische Spezialitäten in Dosen abfüllt. Die Besichtigung der Ateliers ist kostenlos, aber die Leckereien muß man natürlich bezahlen.

Nun über die D 4 Richtung Sare zum **Col de St-Ignace,** wo der Petit train de la Rhune zu einem der schönsten Aussichtspunkte der Pyrenäen führt. **La Rhune** (s. S. 31) befindet sich bereits auf spanischem Boden, und dort oben kann man bei Tapas und baskischer Küche die weite Aussicht genießen. Mit etwas Glück streift sogar eine Herde Pottoks umher. Die ›kleinen Pferde‹ sind Nachfahren einer urzeitlichen Pferderasse, die man heute nur noch im Baskenland zu sehen bekommt.

In **Sare**, das für seine nahegelegenen Grotten bekannt ist, finden im Sommer mehrere Feste statt. Das Pelota-Fest am 22. August und die traditionelle Gastronomie-Messe mit Schmuggler-Lauf am Tag danach. Am schönsten aber ist das Stadtfest vom 13. bis 16. September mit Tanz, Pelota- und Gesangswettbewerben. Im Sommer kann man im Ortszentrum jeden Mittwoch ab 21.30 Uhr der örtlichen Folkloregruppe bei baskischen Tänzen zuschauen.

Nur wenige Kilometer weiter liegt **Aïnhoa** (s. S. 28), das für seine Kunsthandwerker-Ateliers bekannt ist. Hier sollte man unbedingt das unwiderstehliche Gewürzbrot des Atelier des Pains d'Epice probieren. Nach einer Rast im Hotel-Restaurant Ohantzea,

Extra-Tour 4

Nicht locker lassen: bei den Forces basques geht's um Mannesehre

dessen köstlich bereitetes Milchlamm Gäste selbst aus St-Jean-de-Luz anlockt, geht es nach **Itxassou.** Auf dem Weg dorthin (beim Col de Pinodiéta abbiegen) bieten mehrere Bauernhöfe den traditionellen Fromage de Brébis (Schafskäse) zum Kauf an, den man ganz stilecht mit den Kirschen von Itxassou genießt. Das Kirschenfest wird am zweiten Juni-Sonntag mit *bandas de música* gefeiert. Vor der Kirche in Itxassou steht ein mächtiger Rundstein, in den die Rechte des baskischen Volks gemeißelt wurden. Die Dorfkirche, einst Ziel der Jakobspilger, beeindruckt mit prächtigem Barockaltar und den typisch baskischen Holzgalerien. Für 5 FF, die man in den Automaten am Eingang wirft, erfährt man alles über die Baugeschichte. Eine gute Idee des Priesters, um den Opferstock aufzufüllen. Übrigens geht auch das Kirschfest als Einnahmequelle auf seine Initiative zurück. Wer das Rolandslied kennt, sollte sich den Hufabdruck des Wunderpferdes dieses Helden nicht entgehen lassen: Die **Rolandsbresche** (Pas de Roland) liegt etwas weiter am malerischen Flüßchen Nive.

Nach einem Abstecher über **Cambo-les-Bains** mit der Villa Arnaga, dem ehemaligen Wohnhaus des Cyrano de Bergerac-Autors Edmond Rostand, geht es weiter nach **Espelette.** Die Stadt der roten Pfefferschoten feiert ihre Spezialität jeweils um den 18. Oktober. Den Rest des Jahres kann man sich den süßen Freuden widmen und an einer Führung durch die Schokoladenfabrik Antton teilnehmen (1.4.–15.11. Mo–Sa stdl. ab 10.30 Uhr). Am Mittwochmorgen findet im Ortskern ein traditioneller baskischer Markt statt. Natürlich muß man nichts kaufen, allein das Anschauen ist aufregend genug.

Auf dem Rückweg passiert man **St-Pée-sur-Nivelle,** wo im Sommer täglich gegen 21.30 Uhr ein Fest oder ein Wettkampf stattfindet, von Pelota bis zu den unblutigen Stierkämpfen der Courses de vaches. Kurz vor der E 5, die zurück nach St-Jean führt, sollte man in **Arcangues** die raffinierte baskische Küche der Auberge de Chapelet (Tel. 05 59 23 54 63) goutieren: wahrlich ein sinnlicher Abschluß der Rundfahrt!

Länge der Tour: ca. 90 km

Die stolze Schöne: Ein Spaziergang durch Bordeaux

Idealer Ausgangspunkt für einen Bummel durch die Stadt (D 8) ist die **Esplanade des Quinconces,** der größte innerstädtische Platz Europas. Dort steht das Girondistendenkmal, das sowohl den Triumph der Republik und die Helden der Revolution, als auch den steten Kampf um Freiheit und Selbstbestimmung symbolisiert. Am Ende der Esplanade beginnt ein elegantes Viertel mit Prachtbauten aus dem 18. Jh. Die Rue de Sèze führt zu den **Allées de Tourny,** jener Promenade, um die früher die Bürger in ihren Karossen kutschierten. Der Blick fällt zuerst auf das fast 100 Jahre alte Karussel und die prächtigen Bürgerpalais. Deren strenge Fassaden werden nur durch schmiedeeiserne Balkone und steinerne Masken unterbrochen.

Die Rue Michel Montaigne verläuft zum Glaskomplex des luxuriösen Shopping-Centers **Marché des Grands Hommes.** In den sternförmig abgehenden Straßen befinden sich internationale Designerboutiquen. Die Straßennamen sind leicht zu merken, erinnern sie doch an französische Philosophen wie Montaigne, gebürtiger Bordelaiser und Bürgermeister von Bordeaux, und Montesquieu, Mitglied des Stadtparlaments.

In der **Rue Mably** liegt rechter Hand ein schön restaurierter Innenhof, der einst den Kreuzgang der dahinter liegenden Dominikanerkirche Notre-Dame bildete. Ein prächtiges schmiedeeisernes Tor bildet den Eingang zur Passage Sarget. Der Durchgang zum **Cours de l'Intendance** war bis 1878 nur dem Adel und ranghohen Staatsbeamten vorbehalten. In einer Wohnung des Hauses Nr. 57 am verkehrsreichen Cours de l'Intendance lebte der spanische Maler Franciso José de Goya die letzten vier Jahre bis zu seinem Tod. In den Räumen wurde das Kultur- und Ausstellungszentrum Casa de Goya untergebracht.

Dem Cours folgend gelangt man zum **Grand Théâtre,** dem Meisterwerk des Architekten Victor Louis. Das Opernhaus liegt an der Place de la Comédie, an deren Ende die **Maison du Vin** emporragt. Vor einer Fahrt in die Weinbauregionen des Bordelais sollte

Extra-Tour

Was tut man nicht alles, wenn man Wein-Hauptstadt ist

man sich hier mit Informationsmaterial eindecken.

Der weitere Weg führt durch die Rue St-Cathérine, die längste und belebteste Einkaufsstraße von Bordeaux, und die Rue du Parlement St-Cathérine zur gemütlichen **Place du Parlement** mit ihren vielen Restaurants. Die moderne Fassade des Eckhauses an der Rue du Pt. St-Pierre paßt sich harmonisch den alten Bürgerhäusern an. Zur Garonne hin öffnet sich das Halbrund der berühmten **Place de la Bourse.** Die 1735 als Place Royale erbaute Anlage geht auf den Architekten Jacques Gabriel aus Paris zurück. Am oberen Ende des Platzes zweigt eine kleine Straße zum Herzen Bordeaux, zur **Place St-Pierre** mit der gleichnamigen Kirche ab. Im Sommer stellen die Restaurantbesitzer ihre Tische bis an deren sandsteinerne Mauern heran; schön beleuchtet ist es einer der stimmungsvollsten Plätze zum Abendessen. In diesem Teil der Altstadt lag die Keimzelle des römischen Burdigala.

Über die Rue d'Argentier geht es zum mittelalterlichen Stadttor **Porte Cailhau.** Dahinter öffnet sich der Blick auf den Pont de Pierre. Er wurde 1822 fertiggestellt und war die erste Steinbrücke, die über die Garonne führte. Wer mag, bummelt nun durch die Altstadt bis zur **Église St-Michel.** An Markttagen herrscht rund um die Basilika mit ihrem 114 m aufragenden Turm reges Treiben. Sonst wendet man sich der **Rue de la Rousselle** zu, wo in Haus Nr. 23 Michel de Montaigne 1533 das Licht der Welt erblickte. Weniger berühmte, aber dennoch sehenswerte Häuser finden sich in der **Rue Neuve,** eine der typischen Altstadtgassen.

Über den breiten Cours Victor Hugo erreicht man das zweite erhaltene Stadttor, die **Grosse Cloche** neben der Kirche St-Éloi. Das Läuten der dicken Glocke legte jahrhundertelang den Beginn der Weinlese fest. Wer viel Zeit und Ausdauer mitbringt, könnte von hier aus durch die Rue St-James und den Cours d'Alsace et Lorraine zum Quartier Pey-Berland mit Rathaus, Kathedrale und verlockenden Geschäftsstraßen spazieren. Ansonsten bietet sich der Rückweg entlang der Einkaufsmeile Rue St-Cathérine bis zur Esplanade des Quinconces an.

Dauer der Tour: ca. 2,5 Std.

Impressum/Fotonachweis

Fotonachweis

Titelbild: Arcachon, Fête de la Mer, Défilé der Jachten
Vignette S. 1: Am Strand von La Trenche-sur-Mer
S. 2/3: Die Dune du Pilat nahe bei Arcachon
S. 4/5: Straßenmusiker in St-Jean-de-Luz
S. 26/27: Hafeneinfahrt von La Rochelle

Huber, Gernot / laif (Köln)   Titelabb., 2/3, 4/5, 7, 8, 10, 12, 14, 17, 18, 26/27, 31, 45, 60, 65, 71, 77, 85, 87, 89
Jakubzig, Jacqueline (Hamburg) 39, 58, 68, 93
Piepenburg, Conrad / laif (Köln) 17, 43, 47, 55, 79
Thomas, Martin (Aachen) 1, 6, 9, 50, 57, 81, 91

Kartographie: **Berndtson & Berndtson Productions GmbH,** Fürstenfeldbruck
© DuMont Buchverlag

Alle in diesem Buch enthaltenen Angaben wurden von der Autorin nach bestem Wissen erstellt und von ihr und dem Verlag mit größtmöglicher Sorgfalt überprüft. Gleichwohl sind inhaltliche Fehler nicht vollständig auszuschließen. Ihre Korrekturhinweise und Anregungen greifen wir gern auf. Unsere Adresse: DuMont Buchverlag, Postfach 101045, 50450 Köln. E-Mail: reise@dumontverlag.de

Die Deutsche Bibliothek – CIP-Einheitsaufnahme:
Jakubzig, Jacqueline:
Französische Atlantikküste / Jacqueline Jakubzig.
- Ausgabe 1999 Köln : DuMont, 1998
(DuMont Extra)
ISBN 3-7701-4623-9

Grafisches Konzept: Groschwitz, Hamburg
© 1998 DuMont Buchverlag, Köln
Ausgabe 1999
Alle Rechte vorbehalten
Druck: Rasch, Bramsche
Buchbinderische Verarbeitung: Bramscher Buchbinder Betriebe

ISBN 3-7701-4623-9

Register

Abatilles, Plage (C 8) 33
Agen (G 10) 22
Aïnhoa (B 12) **28,** 90
Aix, Île d' (C 4) 85
Andernos-les-Bains (C 8) 15, 34
Angeln 18
Anglet (B 12) 29
Arcachon (C 8) 8, 14, **31**
Arcachon, Plage d' (C 8) 33
Arcangues (B 12) 91
Arcins (D 7) 87
Ars-en-Ré (B 4) 84
Ascain (B 12) **30,** 90

Baden 18
Bassin d'Arcachon (C 8) 15, 67
Bayonne B 12) 9, 14, 19, 22, **36**
La Barre, Plage (B 12) 13
Bazas (E 9) 14
Biarritz (B 12) 9, 13, 15, 19, **40**
Bidart (B 12) 44
Biriatou (B 12) 62
Biscarrosse (C 9) 45
Blaye (D 7) 46
Bordeaux (D 8) 6, 15, 22, **47,** 92
Bordelais 51
Le Bourg (C 4) 85
Brouage (C 5) 72
Buglose (C 11) 59

Cambo-les-Bains (B 12) 91
Cap Ferret (C 8) 34
Capbreton (B 11) **54,** 64
Carcans-Plage (C 7) 56
Carcans (C 7) 56
Le Chapus (C 5) 68
Le Château d'Oléron (C 5) 85
Châtelaillon-Plage (C 4) 57
Ciboure (B 12) 58
Cognac (E 5) 72
Contis-Plage (C 10) 81
Corniche Basque (B 12) 61, **79**
Côte d'Argent 8, 64, 77
Côte Basque 38, 42
Côtes de Blaye 46
Côtes de Bourg 46
La Cotinière (C 4) 85
La Couarde (B 4) 84
Courant, Plage (C 9) 69
Crohot-Océan (C 7) 66

Dax (C 11) 8, 15, 19, **59**
Diplomatische Vertretungen vordere Umschlagklappe
Dune de Pilat (C 8) 8, **34**

Entre-deux-Mers 51
Eugénie-les-Bains (D/E 11) 70
Erreteguia, Plage (B 12) 13
Erste Hilfe vordere Umschlagklappe
Espelette (B 12) 15, **91**
Étang de Lacanau (C 7) 65
Etche-Terra (B 12) 61
Eyrac, Plage d' (C 8) 33

Feuerwehr vordere Umschlagklappe
Fouras (C 4) 60

Geld vordere Umschlagklappe
Golfen 18
Grande Conche (C 5) 76
Grande Plage (Fouras, C 4) 60
Grande Plage (Biarritz, B 12) 41
Graves 51
Guéthary (B 12) 18, **61**
Gujan-Mestras (C 8) 34
Le Gurp (C 6) 78

Hendaye (B 12) 15, 18, **62**
Hendaye-Plage (B 12) 62
Hossegor (B 11) 64
Hotelkategorien vordere Umschlagklappe
Hourtin (C 7) 64
Hourtin-Plage (C 7) 65
La Hume (C 8) 34

Ilbaritz, Plage d' (B 12) 41
Isturitz, Grotte (C 12) 38
Itxassou (B 12) 91

Kajakfahren 18

Labarde (D 7) 86
Labenne (B 12) 55
Labastide d'Armagnac (E 10) 71
Lac de Léon (C 10) 80
Lac de Mimizan (C 9) 69
Lac de Soustons (B/C 11) 78

Register

Lac d'Hourtin-Carcans (C 7) 64
Lac marin d'Hossegor (B 11) 64
Lacanau (C 7) 14, **65**
Lacanau-Océan (C 7) 19, 65
Lamarque (D 7) 87
Les Landes (D/C 8–10) 66
Larrivière (D 11) 70
Lespecier, Plage (C 9) 69
Luxey (D 9) 67, **89**

Macau (D 7) 86
Marbella, Plage (B 12) 13, 41
Marennes (C 5) 68
Margaux (D 7) 87
Marquèze (D 10) 67, **89**
Martray (B 4) 84
Maubuisson (C 7) 56
Médoc 7, 14, 51, **86,** 87
Meschers-sur-Gironde (C 6) 77
Milady, Plage (B 12) 41
Mimizan (C 9) 14, **69**
Mimizan-Plage (C 9) 69
Miramar, Plage (B 12) 41
Moliets-Plage (C 11) 81
Mont-de-Marsan 19, 22, **70**
Montalivet-les-Bains (C 6) 78
Montguyon 15
Moulleau, Plage (C 8) 33
Moustey 67, **88**

Öffnungszeiten vordere Umschlagklappe
Oléron, Île d' (C 4/5) 18, **85**
Oloron-Sainte-Marie 15
Ondres (B 12) 55
Ouhabia, Plage (B 12) 13
Oxocelhaya, Grotte (C 12) 38

Pannenhilfe vordere Umschlagklappe
Parc Naturel Régional des Landes de Gascogne 66, 67, **88**
Parlamentia, Plage (B 12) 61
Pau (D/E 12) 14, 19
Pauillac (D 7) 87
Pelota 19
Pereire, Plage (C 8) 33
Périgueux (G 7) 22
Pissos (D 9) 89

Pointe de Grave (C 6) 77
Pointe de la Fumée (C 4) 60
Poitiers (F 3) 14
Polizei vordere Umschlagklappe
Pomerol (D 7) 87
Pontaillac, Plage (C 5) 13, **76**
Porge-Océan (C 7) 66
Port d'Albret (B 11) 80

Ré, Île de (B/C 4) 18, **84**
La Rhune (B 12) **31,** 90
Rivedoux-Plage (C 4) 84
Rochefort (C 4) 15, **71**
La Rochelle (C 4) 7, 14, 18, 22, **74**
Royan (C 5) 13, **76**
Rugby 19

Sabres (D 10) 14, 67, **89**
Saintes (D 5) 72
Saintonge 72
Salies-de-Béarn 15
Sare (B 12) 90
Saugnacq-et-Muret (D 9) 87, 88
Sauternais 51
Segeln 18
Soulac-sur-Mer (C 6) 77
Soustons (C 11) 78
St-Denis 15
St-Émilion (E 7/8) 14, **51**
St-Estèphe (D 6) 87
St-Étienne-de-Baïgorry 15
St-Girons-Plage (B 11) 81
St-Jean-de-Luz (B 12) 9, 15, 18, **78**
St-Jean-d'Angély (D 4) 72
St-Martin de Ré (C 4) 84
St-Pée-sur-Nivelle (B 12) 91
St-Pierre-d'Oléron (C 4) 85
Surfen 18

Talmont (C 6) 77
Tarnos (B 12) 55
Tauchen 19
Telefonieren vordere Umschlagklappe
La Teste de Buch (C 8) 34
Thalassotherapie 19

Vieux-Boucau (B 11) 80